Gerhard von Kapff
Mit zwei Elefanten über die Alpen

Gerhard von Kapff

Mit zwei Elefanten über die Alpen

Eine Familie wandert
von München nach Venedig

Mit 102 Fotos

Für Sibylle, Lukas, Felix,
meine Eltern und Schwiegereltern.

Und für Peter, Jackpot, Uwe und Walter,
deren Tod mir noch immer sehr nahegeht.

© 2010 by F.A. Herbig Verlagsbuchhandlung GmbH, München
Alle Rechte vorbehalten.
Alle Fotos stammen von Gerhard und Sibylle von Kapff,
mit Ausnahme der Aufnahme auf S. 138: Joachim Fahlke.
Satz: Birgit Veits
Gesetzt aus 11/16 pt Minion
Reproduktionen: Digitales Medienhaus Namisla, München
Printed in EU
ISBN 978-3-7243-1031-0

Terra magica ist seit 1948 eine international geschützte Handelsmarke und
ein eingetragenes Warenzeichen des ® Belser Reich Verlags AG.

Besuchen Sie uns im Internet unter www.terramagica.de

Inhalt

Prolog	7
Das sind wir	8
Die große Frage nach dem »Warum«	
oder: Wenn schon Spazierengehen ein Kampf ist	9

Von München zum Inntal | 10

1. Wandertag: Am Ende aller Kräfte	11
2. Wandertag: Eine Tür nach Venedig	18
3. Wandertag: Berge in Sicht	26
4. Wandertag: Die Alpen grüßen mit Blitz und Donner	35
5. Wandertag: Steinböcke in freier Wildbahn	43
6. Wandertag: Flatterhafte Begleiter	49
7. Wandertag: Und plötzlich sind die Kinder weg	52
8. Wandertag: Schlechtes Wetter und Schmerzen	57
9. Wandertag: Sensationelles Karwendel	59

Vom Inntal in die Dolomiten | 62

10. Wandertag: Der Alpenhauptkamm	63
11. Wandertag: Seejungfrauen und Backerbsen	67
12. Wandertag: Dem Gletscher entgegen	72
13. Wandertag: Moralischer Tiefpunkt	78
14. Wandertag: Gute Nachrichten	88
15. Wandertag: Wunderschönes Südtirol	94
16. Wandertag: Die Königsetappe	98
17. Wandertag: Verdammter Rodenecker Wald	106
Ruhetag: Dolomiten in Sicht	111
Unfreiwilliger Ruhetag: Nach fünf Minuten klatschnass	112
18. Wandertag: Eine Hochalm zum Verlieben	113
19. Wandertag: Rund um den Peitlerkofel	118
20. Wandertag: Hochalpine Genusstour	124

21. Wandertag: Kletternd auf das Sellamassiv   **130**

22. Wandertag: Der erste Dreitausender   **136**

Von den Dolomiten nach Venedig   **140**

23. Wandertag: Unvergessliche Panoramen   **141**

24. Wandertag: Rund um die Marmolada   **143**

25. Wandertag: Ein Meer von Gebirgsblumen   **148**

26. Wandertag: Der Nutella-Freund   **152**

27. Wandertag: Verwirrte Wandersleute und Hagelschauer   **155**

28. Wandertag: Knapp vorbei – die Schiara   **160**

29. Wandertag: Ein zauberhafter Ort   **166**

Ruhetag: Mit dem Piave nach Süden treiben   **170**

30. Wandertag: Die skurrilste Berghütte der Welt   **172**

31. Wandertag: Eine Villa in Tarzo   **177**

32. Wandertag: Proseccotrauben und ein verborgener Aschram   **183**

33. Wandertag: Der größte Diamant der Welt   **189**

34. Wandertag: Auf Hemingways Spuren   **193**

35. Wandertag: Meerwasser zwischen den Zehen   **195**

Tipps (für alle, die jetzt loswollen)   **202**

Dank   **206**

Prolog

»Wie bin ich da eigentlich hineingeraten?« Sibylle steht auf dem Münchner Marienplatz und sieht mich mit einem etwas skeptischen Blick an. Auf dem Rücken meiner Frau hängt ein zwölf Kilo schwerer Rucksack, an ihren Händen unsere beiden Kinder Felix und Lukas. Die beiden Blondschöpfe tragen kleine quietschblaue Rucksäcke und wissen auch nicht so recht, was sie von alldem halten sollen. Gehen wir jetzt wirklich los? Schaffen wir das? Es ist, als könnte ich Gedanken lesen.

Also strahle momentan nur ich. Ich habe es tatsächlich geschafft. Ich habe meine Familie überzeugt, die 554 Kilometer von München nach Venedig zu Fuß zu laufen. In

Der erste von 554 Kilometern: Das Abenteuer beginnt.

zwei Abschnitten zwar, aber immerhin. Wie mir das gelungen ist, ist mir selbst nicht ganz klar. Und dann gehe ich schnell los – bevor sie es sich doch noch anders überlegen.

Das sind wir

Gerhard von Kapff, 41 Jahre, Sportredakteur. Fitnesszustand: allenfalls mittelprächtig. Wandererfahrung: minimal, wollte aber schon immer über die Alpen laufen. Hinderungsgrund: zu lange Trennung von der Familie. Schlussfolgerung: *»Dann müssen halt alle mit.«*

Sibylle von Kapff, 38 Jahre, Krankenschwester. Fitnesszustand: etwas besser als bei ihrem Mann. Wandererfahrung: minimal. Unausgesprochener Gedanke vor der Alpenüberquerung: *»Was hat er sich da wieder für einen Unsinn in den Kopf gesetzt?«*

Lukas von Kapff, 10 Jahre, Gymnasiast. Fitnesszustand: aufgrund des Fußballtrainings der beste der Familie. Wandererfahrung: minimal; Tagestouren enden stets mit der Frage: »Müssen wir morgen auch laufen?« oder der Feststellung: *»Das könnt ihr total vergessen, dass ich da mitkomme!«*

Felix von Kapff, 8 Jahre, Grundschüler. Fitnesszustand: mäßig, hat Leichtathletik-, Fußball-, Handball- und Tennistraining aus Unlust abgebrochen, ist derzeit Karatekämpfer. Wandererfahrung: minimal; ärgert sich stets, *»weil ich mit meinen kurzen Beinen weiter gehen muss als jeder andere von Euch«*.

Die große Frage nach dem »Warum«

oder: Wenn schon Spazierengehen ein Kampf ist

»Papa spinnt!« Lukas und Felix können es kaum fassen, was ihr Vater sich da ausgedacht hat – zu Fuß über die Alpen zu laufen! Von München aus ist das Meer doch viel zu mühelos und schnell per Auto zu erreichen, als dass man sich mit so lästigen Hindernissen wie den Bergen ernsthaft beschäftigen müsste. Die Herausforderung, gute 550 Kilometer zu gehen, oder gar das Erlebnis, wochenlang in der Natur unterwegs zu sein – nichts kann sie begeistern. Für sie bleibt die Frage nach dem »Warum« unbeantwortet.

»Das geht nie!« Da auch meine Frau zu Beginn alles andere als euphorisch ist, bleibt mir nur die Taktik, immer mal wieder das Thema anzusprechen und ein paar Reiseführer unübersehbar zu Hause herumliegen zu lassen. »Ich kann mich nicht erinnern, bewusst Ja gesagt zu haben«, sagt Sibylle. »Trotzdem war plötzlich klar, dass wir es probieren werden.«

Wir machen uns keine Illusionen. Wir sind alles andere als eine bergerfahrene Familie. Wir haben lediglich Tagestouren bewältigt und daher keine Ahnung, ob wir solch einer Herausforderung gewachsen sind. Außerdem ist gerade Lukas »Spazierengehen« in jeder Form ein Graus, er kämpft für jeden Schritt, den er nicht gehen muss. Felix ist nicht ganz sicher, ob das nicht interessant werden könnte. Er legt sich vorsichtshalber eine neutral-skeptische Einstellung zu.

Doch in den Tagen vor dem Start baut sich auch bei den Kindern durchaus positive Spannung auf. Das Wissen, nun zu etwas ganz Besonderem zu starten, weckt langsam die Neugier.

Ich selbst hoffe nicht nur auf eine ganz besondere Wandererfahrung, sondern auch auf ein außergewöhnliches Familienerlebnis. Ich freue mich darauf, mehr Nähe zum Partner zu haben, als das im Alltagstrott möglich ist. Und will spüren, dass diese Wochen mehr sind als ein irrwitzig erscheinendes Wanderprojekt. Denn mehr gemeinsame Zeit werden wir als Familie nie mehr haben.

1. Wandertag · München – Kloster Schäftlarn

Von München zum Inntal

1. Wandertag: Am Ende aller Kräfte
München – Kloster Schäftlarn (22 Kilometer)

Vorgesehene Wanderzeit 5:30 Stunden, Realzeit 7:30 Stunden

»Auf geht's!« Es ist 12 Uhr, das weltberühmte Glockenspiel auf dem Marienplatz läutet aufregende Tage ein. Ringsum knipsen nervöse japanische Touristen den Schäfflertanz der historischen Figuren im Turm des Rathauses und wir gehen los. Weit kommen wir nicht. Das Versprechen, in jedem McDonald's-Restaurant zwischen München und Venedig einen Halt einzulegen, bremst in einer Stadt wie München ungemein. Immerhin gibt es der Wanderung für die Kinder zumindest einen nachvollziehbaren Sinn. »Da ist wieder einer«, kräht Felix, der in jedem noch so kleinen Sträßchen nach dem großen gelben »M« sucht und seit unserer Ankunft am Hauptbahnhof bereits drei gefunden hat: »Was nehmen wir denn diesmal, Lukas?«, fragt er seinen Bruder mit glänzenden Augen. »Einen Shake«, strahlt der und wir sind fast erleichtert. Irgendwann müssen den Jungs, und das im wahrsten Sinne des Wortes, die Cheeseburger doch zum Hals raushängen.

Das Versprechen gilt: Bei jedem McDonald's bis Venedig gibt es eine Kleinigkeit.

Aber auch Sibylle und ich wollen uns auf die Wanderung einstimmen. Wenn die Kinder schon an jeder zweiten Ecke Fast Food in sich reinschaufeln, werden wir den Traumpfad mit ein paar zünftigen Weißwürsten, Brezen und einem kühlen Glas Münchner Bier auf dem Viktua-

Von München zum Inntal

lienmarkt beginnen. Wir genießen die sommerliche Atmosphäre inmitten des quirligen Markttreibens und blättern noch einmal in den Reiseführern, die wir eingepackt haben. Wie lange wird es wohl dauern, bis wir beim Tierpark Hellabrunn sind – und nach wie vielen Stunden werden wir die Stadtgrenze hinter uns lassen? Vor allem aber: Werden wir es tatsächlich schaffen, in diesem Jahr bis ins Pustertal zu kommen? Schließlich haben wir geplant, bis nach Südtirol zu laufen, von dort aus im kommenden Jahr wieder loszu-

Der **Münchner Marienplatz** ist der Ausgangspunkt der München-Venedig-Wanderung. Hier verabschiedet der Erfinder des Weges, der Wolfratshausener Ludwig Graßler, in jedem ungeraden Jahr am 8.8. um acht Uhr die Weitwanderer. Eine Blaskapelle spielt zum Abmarsch, dann begleitet der über 80-Jährige die Truppe noch ein Stück die Isar aufwärts, ehe er sie in Richtung Italien entlässt. An geraden Jahreszahlen schlägt er den umgekehrten Weg, die Isar abwärts in Richtung Prag, ein, den zweiten seiner beiden »Traumpfade«.

wandern und dann bis nach Venedig zu gehen. Mindestens jeweils 15 Wandertage wären das.

Wir sind inzwischen richtiggehend euphorisch und so sehr damit beschäftigt, uns auf die erste Etappe einzustimmen, dass wir das tatsächliche Losmarschieren ein wenig aus den Augen verlieren. Bis wir endgültig die Rucksäcke schultern und die ersten fünf Minuten realer Gehstrecke hinter uns haben, sind gut eineinhalb Stunden vergangen. Es ist 13:30 Uhr.

Wir schlendern durch das verkehrsumtoste Isartor und über den Isarkanal, vorbei am Haupteingang des Deutschen Museums und biegen auf der anderen Seite des Flusses Richtung Süden ab. Wenig später steigen wir zu den Isarauen hinab. Wir sind zwar noch mitten in der Stadt und doch ist es faszinierend, Autos, Straßen und Abgase schon 15 Minuten nach dem Abmarsch hinter sich zu lassen.

Wanderer sind nicht zu sehen. Es scheint so, als wären wir die Einzigen, die in Richtung Venedig wollen. Wahrscheinlicher ist, nach einem Blick auf die Uhr, dass wir schlichtweg die Letzten sind, die sich heute noch auf den Weg machen. Schließlich bricht der erfahrene Wandersmann frühmorgens und nicht nach einem späten Mittagessen und einem kühlen Glas Bier auf …

1. Wandertag · München – Kloster Schäftlarn

Wir laufen die Isar entlang, verfolgt von dunklen Regenwolken.

Gute fünfeinhalb Stunden Gehzeit sind für diesen Tag eingeplant, eine Strecke, die eigentlich trotz der schweren Rucksäcke auch für Ungeübte mühelos zu schaffen sein sollte. Zumindest dann, wenn der Wanderer nicht ständig stehen bleibt, um über den Zaun hinweg die zutraulichen Rehe und Zebras im Tierpark Hellabrunn zu bewundern, Steine in die Isar zu werfen und den kürzlich renaturierten Fluss bei Thalkirchen zu bestaunen. Oder – schon nach fünf Kilometern – über den richtigen Wegverlauf nachzugrübeln. Felix findet an der Isar sogar eine kleine Versteinerung. »Da klopft man sich im Altmühltal stundenlang die Seele aus dem Leib und hier findet man sofort eine«, freut er sich.

Die Rucksäcke scheuern bereits nach einer guten Stunde. Zuerst an den Schultern, danach, als wir sie neu einstellen, drücken sie schmerzhaft auf die Hüften. Schnell stellt sich heraus, dass Wanderhosen, die sich seitlich über längliche Plastikösen verstellen lassen, zwar ziemlich cool aussehen, aber gänzlich ungeeignet sind, da der Bauchgurt des Rucksacks unangenehm auf die Ösen drückt.

Nach gut sieben Kilometern weichen die Häuser außer Sichtweite, dafür rücken die Bäume näher an die Isar heran. Spätestens an der Großhesseloher Brücke, einem monströsen, gut 40 Meter hohen Stahlbau, haben wir auch offiziell die Stadtgrenze überwunden. Unter den Gleisen führt ein Weg entlang, auf dem wir auf die andere Isarseite wechseln. Fröhlich schwatzend hüpfen die Kinder voran. Alles ist aufregend und spannend.

Der Blick, so hoch über der Isar, ist überwältigend. Erstmals ist zu sehen, wie weit der schlank in die Höhe ragende Olympiaturm nach gut zweistündiger Wanderung schon hinter uns liegt.

Für den einladenden Biergarten der Waldwirtschaft in Großhesselohe, den wir gleich nach der Brücke passieren, ist trotzdem keine Zeit. So realistisch sind wir inzwischen immerhin. Außerdem beginnt es leicht zu nieseln, danach kurzzeitig regelrecht zu schütten. Zum ersten Mal will Felix wissen: »Wie weit ist es noch?«

Schon nach ein paar Kilometern ist nur noch Natur um uns. Das Rauschen der Isar wird zum ständigen Begleiter.

So genau können wir das nicht beantworten. Unser Kartenmaterial für diesen Abschnitt stammt aus dem Reiseführer und es stellt sich schnell heraus, dass es allenfalls ein Anhaltspunkt für den weiteren Weg ist. Es muss unserem Jüngsten daher eine grobe Auskunft genügen. Dafür trage ich nach langem Betteln eine Zeit lang seinen Rucksack. Ich habe jetzt 17 Kilo plus der dreieinhalb mei-

1. Wandertag · München – Kloster Schäftlarn

nes Sohnes auf dem Rücken. »Ich kann nicht mehr«, sagt er etwas später und schaut mich flehend an. Kurzzeitig trage ich ihn also auch noch. Doch das ist mir nun wirklich zu viel. Ich überlege nach knapp vier Stunden erstmals, ob diese Wanderung wirklich eine so glänzende Idee war. Es regnet immer stärker. Aber wir haben insofern Glück, als dass der Weg nun im Wald verläuft und uns die Bäume ein wenig schützen. Dafür sehen wir nichts mehr von der Landschaft. Egal, nur weiter.

Es zieht sich. Nach vier Stunden trage ich die beiden Rucksäcke fast ständig. Ich weiß jetzt, warum mein Vater irgendwann seinem Job als Kohlenjunge entflohen ist und etwas Ordentliches gelernt hat.

Dauernd müssen wir stehen bleiben, um die Regenjacken und -hosen je nach momentaner Witterung an- und wieder auszuziehen. Die Bekleidung ist zwar atmungsaktiv, ein wenig unangenehm feucht wird es aber dann doch unter dem Regenzeug, wenn man sich ständig bewegt. Gegen Ende der Etappe ist auch das egal. Wir stapfen durch den Regen und wollen nur noch ankommen. Ständig meinen wir, das Geläut der Glocken des Klosters Schäftlarn zu hören. Ganz erstaunlich, was man sich alles einbilden kann, wenn der Wunsch, endlich am Ziel zu sein, übermächtig wird.

Es geht auf 21 Uhr zu. Langsam wird es dämmrig und Sibylle hat Panik in den Augen. »Bist du sicher, dass wir richtig sind?«, fragt sie, denn die Isar ist durch den Wald nun schon gut eine Stunde lang nicht mehr zu sehen gewesen. »Keine Ahnung«, gebe ich zu. Gute siebeneinhalb Stunden sind wir nun schon unterwegs auf unserer vermeintlichen Fünfeinhalb-Stunden-Etappe. Aber dann hören wir tatsächlich Kirchenglocken. Nun nur noch die Abkürzung nehmen, die uns ein Einheimischer empfiehlt, und wir dürften da sein. »Es ist ein bisschen matschig«, warnt er. Eine schamlose Untertreibung. Nach einer guten Viertelstunde auf einem völlig verschlammten Weg, der teilweise von einem Bach weggeschwemmt wurde, sind unsere Hosenbeine ab den Knien und die Schuhe komplett von Matsch überzogen. Immer wieder balancieren wir über wackelige Behelfsbrückchen aus dicken Ästen oder Brettern. Zeitweise hangeln wir uns an den Holzlatten eines mit Elektrodraht gesicherten

15

Von München zum Inntal

Weidezaunes entlang, um nicht direkt ins Wasser steigen zu müssen. Wir dürften ein kurioses Bild abgeben: vier Weitwanderer auf der ersten Etappe, komplett verdreckt und jetzt schon total erledigt.

Dann aber teilt sich der Wald und der imposante Klosterkomplex wird sichtbar zwischen Feldern, Wiesen, Kühen und sanften Anhöhen. So viel immerhin ist trotz anbrechender Dunkelheit noch zu erkennen. Wir waren noch nie hier und hegen doch fast heimatliche Gefühle. Eine kuschelig warme Wirtsstube, ein kühles Bier, vielleicht eine heiße Suppe, vor allem aber ein Bett warten gleich dort vorne im Klosterbräu-Stüberl auf uns.

Wenn da nicht die einst sicherlich sinnvolle Vorsichtsmaßnahme wäre, Klöster mit undurchdringlichen Thujenhecken, Zäunen und Mauern vor marodierenden Horden zu schützen. Mit letzter Kraft laufen wir einmal um den riesigen Klosterkomplex herum. Das Bild von einer einsamen Waldgaststätte taucht vor meinen Augen auf, in der ein einsames Lichtlein im Fens-ter steht und dem durchnässten Wandersmann die letzten Meter zu einer sicheren Herberge leuchtet.

Die Benediktinerabtei Schäftlarn mit ihrem Internat ist das Ziel der ersten Etappe.

Na ja, so schlimm ist es dann auch wieder nicht. Trotzdem stapfen wir erleichtert an der Kirche vorbei, die letzten Stufen hinauf, und der Löwenbräu-Löwe brüllt uns von einem Metallschild alles andere als furchterregend entgegen. Er weiß ganz genau, was wir wollen.

Essen zum Beispiel, möglichst viel, und deshalb bestellen wir wie die Weltmeister: Für jeden ein Hauptgericht und Suppe, für die entkräfteten Kinder zusätzlich heiße Schokolade. Das Essen ist köstlich – aller-

1. Wandertag · München – Kloster Schäftlarn

dings sind wir so erschöpft, dass wir fast nichts herunterbringen. Lukas schläft tatsächlich sitzend am Tisch ein und Felix kämpft verzweifelt darum, die Augen offen zu halten. Der herrliche Braten, das knusprige Schnitzel, der Wurstsalat, fast alles bleibt stehen. Es ist peinlich, aber wir sind so erledigt, dass unsere Mägen wie zugeschnürt sind.

Sibylle kann die knapp 20 Treppenstufen hinauf ins Zimmer nur noch bewältigen, indem sie den linken Fuß mit beiden Händen Stufe für Stufe nach oben hievt und den rechten dann nachzieht. Er gehorcht einfach nicht mehr. Die ersehnte heiße Dusche können wir ebenfalls vergessen. Das Wasser ist eiskalt. Und noch einmal hinunterzugehen und darum zu bitten, den Boiler anzuschalten, schaffe ich nicht mehr. Dabei hatten wir uns, als wir vorher im Regen durch den Schlamm gewatet sind, irgendwie eingebildet, vielleicht sogar noch ein heißes Bad nehmen zu können.

> **Kloster Schäftlarn** ist eine Benediktinerabtei an der Isar südlich von München. Das Kloster wurde 762 gegründet. Die St.-Dionysius-Kirche des Klosters gilt als Juwel des Rokoko. König Ludwig I. übergab 1866 das Kloster den Benediktinermönchen mit dem Auftrag, sich um die Erziehung und Bildung der Jugend zu kümmern. Heute besuchen gut 420 Schüler das private Gymnasium.

Keine guten Aussichten also für Tag zwei – das Fernziel Venedig erscheint momentan so irrwitzig, als hätten wir uns für morgen Nachmittag die Besteigung der Eiger-Nordwand vorgenommen. Ich frage mich allen Ernstes, ob tatsächlich noch irgendjemand aus meiner Familie am nächsten Tag mit mir weitergehen will.

2. Wandertag: Eine Tür nach Venedig
Kloster Schäftlarn – Geretsried (21 Kilometer)

Vorgesehene Wanderzeit 6 Stunden, Realzeit 8:20 Stunden

Aufstehen kann mühsam sein, völlig unabhängig von der Uhrzeit und der Dauer des Schlafes. Und vor allem schmerzhaft. »Das gibt's doch nicht«, ächzt Sibylle, als sie gekrümmt wie eine vom Wind gebeugte Zirbe in Richtung Bad humpelt.

In ihrem Tagebuch zählt sie später auf, was ihr an diesem Morgen alles wehtut:

a) die Schultern, von den Gurten des Rucksacks;

b) die geprellten Hüften, wo der Bauchgurt des Rucksacks auflag und wohl auch heute trotz der Scheuerstellen liegen wird;

c) die gesamte Beinmuskulatur, also Oberschenkel und Waden (die sich zunächst wie Stein anfühlen);

d) und der komplette Rücken bis hinunter zu den Lendenwirbeln.

Wie Greise schleppen wir uns die Stufen zum Frühstücksraum hinunter und geben – zum Glück ohne Publikum – ein irrwitziges Bild ab. Ohne den stabilen Handlauf der Holztreppe wären wir vermutlich einfach nach unten gekugelt. So aber stützen wir uns mit beiden Händen an dem Geländer ab und ziehen die schmerzenden Füße vorsichtig Stufe für Stufe hinterher. Wir fragen uns, wie wir da nachher wieder hinaufkommen sollen. Wir müssen das Gepäck holen – aber dann? Ja, eigentlich geht es dann weiter. »Ich kann mir nicht vorstellen, wie ich heute sechs Stunden laufen soll«, sagt Sibylle und lacht ein wenig gepresst. Gut nur, dass die Zimmer in Geretsried, in Bad Tölz und auch die Berghütten längst gebucht sind und vor allem, dass der Himmel bedeckt ist und es nach Regen aussieht. Wahrscheinlich würden wir uns bei strahlendem Sonnenschein einfach in den Biergarten setzen, die nächsten Tage mit leichten Wanderungen ohne Gepäck verbringen und dann mit furchtbar schlechtem Gewissen heimfahren.

2. Wandertag · Kloster Schäftlarn – Geretsried

Die Kinder klagen lediglich über leichten Muskelkater. Lukas ist sogar unerwartet aktiv: »Wir gehen raus zum Trampolin!« Das ist im Biergarten aufgebaut und soll wohl drögen Stadtkindern zu ein wenig Bewegung verhelfen. Ich lasse die Jungs nur ungern hüpfen. Nicht, dass sie sich jetzt schon verausgaben.

Wir kommen dann doch wieder hinauf in unser Zimmer, auch ohne Aufzug. Durch das Hin-und-her-Laufen ist die Muskulatur wieder etwas beweglicher geworden. Auch die Schmerzen lassen deutlich nach. Wir fragen uns trotzdem, warum wir überhaupt einen so verheerenden Muskelkater haben. Es wird wohl zum einen am ungewohnten Gewicht und zum anderen an den klobigen Bergschuhen liegen.

Das morgendliche Zusammenpacken ist eine Katastrophe und daran wird sich auch in den nächsten Tagen nichts ändern. Es ist kaum zu fassen, wie lange es dauern kann, vier Rucksäcke so einzuräumen, dass das Gewicht ordentlich verteilt ist. Dass die schweren Sachen möglichst nahe am Rücken liegen, die Regenkleidung, ein Pulli, Ersatzakkus für den Fotoapparat oder Müsliriegel so verstaut sind, dass sie ohne großes Umräumen greifbar sind – und vor allem, dass alles wieder in die Rucksäcke hineinpasst. Die Kinder mithelfen zu lassen ist ohnehin utopisch, da jede Anweisung, etwa den Schlafanzug erst in eine Plastiktüte und dann in den Rucksack zu packen, grundsätzlich mit einer Gegenfrage beantwortet wird. »Wo ist mein Schlafanzug?«, fragt Felix. Als ob ich wüsste, wo er ihn hingeworfen hat. Als ich den Schlafanzug in dem ganzen Chaos dann finde, stopft er ihn ungerührt ohne Tüte in den Rucksack. Plötzlich entdecken wir die von den Kindern heimlich eingeschmuggelten Kuscheltiere. Kuschli und Kuschli-Moritz, die beiden völlig zerfledderten, aber heiß geliebten grauen Stoffelefanten, müssen anscheinend wie die Elefanten Hannibals mit über die Alpen.

Wir starten schließlich zu einem Zeitpunkt, an dem der normale Wanderer bereits ans Mittagessen denkt: Um halb elf. Nur ungern lassen wir das Kloster hinter uns, das wir aus Zeitgründen nicht einmal besichtigen konnten. Gestern Abend war nicht daran zu denken und heute sind wir – und das ganz bildlich – viel zu spät aus den Betten gekrochen.

Von München zum Inntal

Die ersten 500 Meter sind schon einmal extrem nervig. Nach 100 Metern beginnt es zu nieseln. Während ich weiterstapfe, hält Sibylle an und kramt Felix die Regenjacke aus dem Rucksack. Lukas weigert sich, sein Regenzeug anzuziehen, und stellt sich wie ich auf den Standpunkt: »Es hört gleich wieder auf.« Wir warten ein wenig grantig, bis uns die beiden eingeholt haben, und gehen ein paar Schritte. Jetzt wird der Regen so stark, dass auch Lukas und ich unseren Dickschädel nicht mehr durchsetzen können. »Wir brauchen Regenjacken«, brumme ich. Sibylle und Felix triumphieren schweigend. Also stehen wir wieder. Rucksack runter, Regenjacke aus dem Rucksack, Regenjacke anziehen, Rucksack hoch, in Position bringen, festschnallen. Es geht weiter. Oder endlich los, ganz wie man will.

Gut 500 Meter und eine gefühlte Stunde sind es von Schäftlarn zum Gasthof Bruckenfischer.

Nach ein paar Minuten beginnt es richtig zu schütten. Wir müssen befürchten, dass die Kinderrucksäcke, die einem normalen Regen durchaus standhalten, bei diesem Wolkenbruch innen nass werden, und damit auch alle Ersatzklamotten. Also bleiben wir wieder stehen, zerren nun hektisch die Regenhüllen heraus und stülpen sie über die Rucksäcke. Ich bin nach einem Blick auf die Uhr – es geht auf elf zu – stinksauer. Ich erinnere mich, um mich abzuregen, gebetsmühlenartig daran, eigentlich im Urlaub und auf der Suche nach innerer Ruhe zu sein. Ich will nicht hetzen, ich will diese Wanderung genießen. Und deshalb zwinge ich mich, obwohl ich eigentlich am Platzen bin, nicht etwa genervt weiterzustapfen, sondern nun auch noch die Schautafeln und die sehr aus-

2. Wandertag · Kloster Schäftlarn – Geretsried

führliche Dokumentation über die Pflanzenwelt am Ufer der Isar anzusehen. Das ist hochinteressant, schließlich stammt die Pflanzenvielfalt entlang der Isar nur daher, dass der Fluss das ganze Jahr über Millionen von Samen aus den Alpen in Richtung München trägt. Es wäre schade gewesen, hier einfach vorbeizuhetzen. Vor allem, da wir nun viel entspannter sind und uns sehr gut darauf einstimmen können, das Münchner Umland zu verlassen. Wir wandern endgültig in das Voralpenland. Urplötzlich brechen die bayerischen Klischees so vehement über uns herein, dass sie sogar uns »Einheimische« begeistern. Das beginnt mit dem reizvollen Gasthaus Bruckenfischer und seinen weißblauen Fahnen, dem Himmel, der unvermutet aufreißt und ebenso weißblau ist (wir ziehen jetzt unsere Regenjacken und -hosen wieder aus), dem Pfeifen der Vögel und setzt sich fort mit Blasmusik und Gläserklirren, das plötzlich wie aus dem Nichts ertönt. Wir steigen den Isardamm hinauf und sind mittendrin im Geschehen. Die großen Isarflöße treiben Richtung München den Kanal entlang, eines nach dem anderen. Blaskapellen mit Musikanten in Lederhosen und

> Die **Isarflöße** hatten ursprünglich ausschließlich praktischen Nutzen. 17 bis 20 Baumstämme wurden miteinander verbunden und das Holz von Bad Tölz aus in Richtung München zur Weiterverarbeitung gebracht. Doch bereits seit mehr als 110 Jahren dienen die Flöße vor allem dem Vergnügen. Firmenfeste, Geburtstage und Junggesellenabschiede werden auf dem Fluss gefeiert.

Trachtenhüten spielen alles, was bekannt ist, Stilrichtungen gibt es nicht. Da folgt ganz hemmungslos auf »Satisfaction« »Rosamunde«. Fässer werden angezapft, das Partyvolk prostet sich und uns zu und wer (als Mann) einmal muss, der stellt sich ganz ungeniert an den Rand des Floßes und pieselt in weitem Bogen in die Isar.

Nach der »gemütlichen« ersten haben wir eine etwas anstrengendere zweite Etappe vorgesehen. Heute ist die reine Gehzeit nach Geretsried mit sechs Stunden angegeben. Ein Hohn, wenn man unser Tempo bedenkt.

Doch auch das entspricht einer deutlich verkürzten Strecke, wenn man sie mit der von Ludwig Graßler konzipierten Originalroute vergleicht. Der Wolfratshausener setzt ganz andere Maßstäbe als wir. Acht-Stun-

Von München zum Inntal

den-Etappen sind fast die Regel und die Strecke München–Bad Tölz, die wir an drei Tagen gehen werden, packt Graßler in zwei Etappen. »Schlendernd«, wie er in seinem Reiseführer gerne schreibt.

Ein ruhiger Wanderweg in schöner Umgebung. Rechts unterhalb versteckt sich die Isar.

Der Weg entlang der Isar ist wunderschön. Wir laufen leicht erhöht auf dem Damm des Kanals, der schnurgerade in Richtung Süden weist. Rechts unterhalb fließt ruhig die Isar und verschwindet ab und an für Minuten im dichten Gehölz. Bis auf ein paar vereinzelte Spaziergänger sind wir stundenlang völlig allein.

Einer der markantesten Punkte dieser Etappe ist das altertümliche Ickinger Wehr. Das liegt daran, dass der Eingang zur überdachten Wehrbrücke, eine eigentlich unscheinbare graue Stahltür, besondere Beachtung verdient. Erstmals auf der Strecke ist als Wegmarkierung das München-Venedig-Symbol zu sehen. Ein schlichter Aufkleber mit den Türmen der Frauenkirche, einer Gondel und der Alpenkette pappt auf der Tür. Man hat ein bisschen das Gefühl, als würde sich hier ein entscheidendes Tor auf dem Weg nach Venedig öffnen. Als wäre man erst jetzt richtig unterwegs.

Der hölzerne Wehrgang über die Isar, unter dem spektakulär und fast schon ein bisschen bedrohlich das Wasser hindurchrauscht, fasziniert die Kinder ungemein. Alle paar Meter stecken sie ihre Nasen – für mich immer ein wenig zu weit – durch die Brüstung in Richtung der reißenden Fluten. Der anschließende Waldweg ist für sie dagegen eher langweilig. Nach gut dreieinhalb Stunden ist Felix völlig erschöpft. Kurz vor

2. Wandertag · Kloster Schäftlarn – Geretsried

Wolfratshausen kullern ihm die Tränen hinunter: »Ich kann nicht mehr.« Keine Frage, dann nehme halt wieder ich seinen Rucksack. Sofort ist der Bursche wieder beweglicher. Er springt umher, alles ist für ihn in bester Ordnung, als wir gegen 14:30 Uhr in Wolfratshausen ankommen.

Wir legen eine gut einstündige Essenspause ein. Die ist unbedingt notwendig, weil unsere Füße kochen. Die Kinder haben, mit Ausnahme der kurzen Schwächeperiode bei Felix, bis jetzt super mitgemacht.

Interessant wird es für sie, als der Wolfratshausener Märchenpark in Sicht kommt. »Schau mal, eine Achterbahn!« Felix ist ganz aufgeregt. Keine Frage, dass er hier leicht einen ganzen Nachmittag verbringen könnte. Umso überraschender für uns, dass die Jungs ohne jede Diskussion einsehen, dass wir keinen weiteren Halt machen können.

Wir laufen meist zu zweit. Das heißt aber nicht, dass Sibylle und ich jetzt stundenlang Zeit hätten, uns zu unterhalten. Nein, die Kinder nutzen die Chance, sich endlich mal richtig

Ein schlichter Aufkleber auf einer Stahltür. Zugleich ein Wegweiser: Das Ziel ist Venedig.

mit jeweils einem von uns auszutauschen und von den Freunden in der Schule, von lustigen Erlebnissen im Pausenhof oder den Gründen, warum man sich mit dem einen oder anderen Kumpel plötzlich nicht mehr versteht, zu erzählen. Außerdem ergeben sich mitunter sehr ernsthafte Gespräche. Gespräche, die vielleicht längst überfällig waren. Wann sonst hat man die Zeit, sich mit seinen Söhnen ohne jede Störung stundenlang zu unterhalten, aus der eigenen Kindheit oder von längst vergangenen Urlauben mit Oma und Opa zu erzählen. Kein Telefon klingelt, keine Hausaufgaben stehen an, meilenweit stört kein Fernseher, keine Spielkonsole oder sonst irgendetwas. Nur Natur und wir vier. Herrlich.

Von München zum Inntal

Links rauscht die Isar vorbei, getrennt von uns durch ausladende Sanddünen. Ansonsten sind nur die Vögel und das Klackern der Wanderstöcke zu hören. Auch eine Lektion, die wir sehr schnell lernen. Wanderstöcke sind, selbst in flachem Gelände, kein überflüssiger Schnickschnack, sondern eine wichtige Unterstützung beim Gehen.

Leider werden uns ihre Vorteile erst gegen Ende des zweiten Wandertages klar. Bis dahin tragen wir Greenhorns die Stöcke in dem Glauben, sie erst in den Bergen zu benötigen, noch auf den Rucksack geschnallt spazieren. Doch das Gehen ist leichter mit Stöcken und der Rucksack nimmt eine andere, viel angenehmere Position ein. Aber auch das ist mit Schmerzen verbunden: Der Körper ist den veränderten Bewegungsablauf nicht gewöhnt und protestiert mit einem weiteren heftigen Muskelkater. Eine mir bisher völlig unbekannte Muskelgruppe zieht sich ganz offensichtlich quer

Das türkisblaue Wasser der immer schmaler werdenden Isar.

über den Rücken und beide Schulterblätter. Sie wird nun aus ihrem Dornröschenschlaf geweckt und zeigt fortan ganze zwei Tage lang, was in ihr steckt. Danach gewinnen die Schmerzen an den Füßen wieder die Oberhand.

Es geht zügig in Richtung Geretsried. Nachdem das Wetter bis auf den Regenguss kurz nach dem Aufbruch weitgehend warm und schön war, beginnt es gegen 16 Uhr wieder zu schütten. Einmal mehr rächt sich unser später Aufbruch: Profi-Wanderer stehen jetzt schon unter der heißen

2. Wandertag · Kloster Schäftlarn – Geretsried

Dusche. Wir stapfen ein bisschen brummig weiter. Wandern bei schönem Wetter ist traumhaft, bei schlechter Witterung rettet nur sorgsam ausgewählte und absolut dichte Kleidung vor schnellem Frust. Dabei ist der Weg, der zwar im Wald, meist aber am Isarufer entlangführt, durchaus abwechslungsreich und landschaftlich reizvoll.

»Wie weit ist es noch?«, frage ich eine Bewohnerin von Gartenberg, einem Ort kurz vor Geretsried. »Nicht mehr weit, nur noch eineinhalb Kilometer«, lächelt sie. Wir auch. Nicht allzu lange allerdings, denn die Kilometerangabe ist kompletter Unsinn. Knapp eineinhalb Stunden später, es ist 19 Uhr, kommen wir, nachdem wir von zwei weiteren »Einheimischen« in die Irre geführt worden sind, im Gasthof Geiger in Geretsried an. Die Füße, Hüften und Schultern tun weh, wir Erwachsenen fallen erst einmal ins Bett. »Ich hatte noch nie solche Schmerzen in den Beinen«, sagt Sibylle. Im Hof spielen die Kinder derweil Fußball. Wir sind fassungslos.

Ein Graus, dass wir noch einmal losmüssen. Unser Gasthof hat ausgerechnet heute Ruhetag. »Bloß 15 Minuten zu Fuß, dann seid's in einer Pizzeria«, sagt unsere Wirtin so aufmunternd, als würde sie uns soeben den Schlüssel zum hauseigenen Wellnesstempel überreichen. Wir lachen nur noch. Da ich in die Wanderschuhe nicht mehr reinkomme, weil die rechte Achillessehne schmerzt und dick ist, gehe ich in roten Wandersocken und in offenen Teva-Sandalen bei Nieselregen zum Edel-Italiener. Alles egal.

3. Wandertag: Berge in Sicht
Geretsried – Bad Tölz (18 Kilometer)

Vorgesehene Wanderzeit 5:15 Stunden, Realzeit 7:05 Stunden

Nichts ist herrlicher, als fit und erholt aus dem Bett zu springen und voller Elan den Tag zu begrüßen. Das können wir heute natürlich vergessen. Einmal mehr heben wir die geschundenen Füße vorsichtig von den Matratzen und kämpfen auf dem Weg ins Bad um einen halbwegs geraden Gang. Immerhin können wir heute über uns selbst lachen – oder zumindest ich über Sibylle, als ich sie mit unserer Videokamera filme, wie sie ächzend und leicht vornübergebeugt in Richtung Bad humpelt. »Das ist ja wohl das Letzte«, schimpft sie und bemüht sich, als sie kurz danach das Bad wieder verlässt, um eine souveräne, aufrechte Erscheinung. Aber es geht besser als am ersten Tag, nach ein paar Minuten lassen die Schmerzen deutlich nach.

Zumindest haben wir uns bisher keine nennenswerten Blasen gelaufen. Vielleicht liegt das daran, dass wir unsere Füße täglich morgens und abends mit Weleda Fußbalsam dick einreiben und pflegen. Ein Wundermittelchen, dessen kleiner Schönheitsfehler darin besteht, dass wir den »erfrischenden« Mentholgeruch, der, mit den Ausdünstungen der Wandersocken gepaart, ein unvergleichliches »Düfterl« kreiert, nach Tagen kaum mehr ertragen können. Eine Alternative wäre der geruchsneutralere Hirschtalg, dem sich Sibylle aber strikt verweigert. »Eklig«, sagt sie, ich verstehe es bis heute nicht. Also stinken die Füße abends stets nach Menthol und Schweiß, sind aber wenigstens nicht »eklig«.

Es ist nicht sonderlich warm, aber immerhin scheint die Sonne. Sogar die Berge heben sich nun deutlich aus dem Morgendunst. Ein faszinierender Anblick, wenn man zu Fuß bis hierher gelaufen ist. Bestes Wanderwetter und die Bergsicht beflügeln uns, entsprechend euphorisch laufen wir los. Allerdings mit einem kleinen Umweg über die Pizzeria von gestern Abend. Dort habe ich beim Bezahlen die Kreditkarte liegen

3. Wandertag · Geretsried – Bad Tölz

lassen, ich ärgere mich wahnsinnig. Zur Freude der Kinder hat neben der Gaststätte eine Eisdiele bereits geöffnet. Die kostet uns nun weitere zehn Minuten. Es ist fünf vor zehn, als wir tatsächlich losgehen.

Geretsried muss man wirklich nicht gesehen haben. Der Ortsteil, den wir durchlaufen, zeichnet sich nach einer unendlich langen, gesichtslosen Häuserzeile einzig durch den alten Panzerweg aus, der mitten in den Wald und an verfallenen Bunkern entlang hinunter zur Isar führt. Immerhin sind die Kinder begeistert, klettern trotz ihrer Rucksäcke mühelos auf den alten Betonresten herum, zwängen sich in das Innere der Bunker und finden alles ganz toll und aufregend. Zügig weitergehen wollen sie jedenfalls nicht und ich bewundere meine eigene, mir völlig neue und unerwartete Gelassenheit. Was ist hier mit mir los? Mit meinem Gleichmut ist es allerdings gut 15 Minuten später schon wieder vorbei, da Felix bei den Bunkern einen seiner beiden ledernen Radhandschuhe verloren hat. Die waren als Schutz für die Handflächen bei Klettersteigen oder an Stahlseilen vorgesehen. Ich bin stinksauer, da ich es gleich als unsinnig empfunden hatte, die Handschuhe schon zum Wandern zu tragen. Aber wie macht man das einem Achtjährigen klar, der ganz stolz darauf ist, mit vorne abgeschnittenen und damit extrem coolen Handschuhen durch die Gegend zu laufen? Lukas eilt zurück, um zu suchen, erfolglos zwar, aber eine knappe halbe Stunde geht trotzdem drauf. Jetzt sind wir endgültig wieder einmal zu spät dran.

Halbverfallene Bunker sind für Kinder immer faszinierend.

An der Isar angekommen, verpassen wir ganz knapp Ludwig Graßler, der kurz zuvor mit dem Fahrrad eine Teilstrecke »seines« Weges abgefahren ist. Ein völlig begeisterter, etwa 30 Jahre alter Mann erzählt uns das. Der Erste übrigens, den wir treffen, der ebenfalls nach Venedig will. »Schaut, ich habe mir ein Autogramm geben lassen«, freut er sich und zeigt die Unterschrift auf seinem Wanderführer. Er ist beeindruckt, dass unsere Kinder so gut mitmachen. Ihn schmerzen nämlich die Füße auch ganz gewaltig und er weiß genau, dass die bisherige Strecke weit weniger locker ist, als sie den Karten und Büchern nach eigentlich sein dürfte. Er hat schon einige Venedig-Wanderer getroffen und weiß, dass fast alle leiden. »Es gibt fast niemanden«, sagt er, »der keine Probleme mit den Füßen hat.« Sibylle nickt wissend: »Wenn ich kurz stehen bleibe, tut alles so weh, dass ich kaum mehr in die Gänge komme.«

Nachdem bis auf den 30-Jährigen bisher kein einziger Venedig-Wanderer unseren Weg gekreuzt hat, überholt uns nun plötzlich einer nach dem anderen. Einzelne, aber auch Paare, jede Altersklasse ist vertreten. Für viele ist der Weg das Ziel. Sie wandern, so weit sie können, haben gleich fünf Wochen Zeit oder wollen, wie ein älteres Pärchen, »nur« bis nach Sterzing und die Reststrecke irgendwann anders in Angriff nehmen. Die meisten aber machen sich nichts vor: Wer in München startet, hat das Ziel Venedig zumindest im Hinterkopf.

Ein paar Kleinigkeiten fallen uns bei allen auf: Kein einziger Wanderer ist schlecht gelaunt oder auch nur brummig, alle sind offen, viele regelrecht euphorisch und neugierig, was der Tag bringen wird. Und noch eines haben alle gemein: Sie sind schneller als wir. Wir müssen uns, um zumindest einigermaßen voranzukommen, von der Angewohnheit lösen, jedes Mal anzuhalten, wenn einer aus unserer Familie stehen bleibt, um seine Schuhe neu zu binden, sich schnell in die Büsche zu schlagen oder in den Wanderführer zu schauen. Es ist eine der wichtigsten Lehren der ersten Tage: Wenn stets alle aufeinander warten, kommt am Ende keiner richtig voran.

Am schwersten hat es Felix. Mit 1,28 Meter Größe ist es für ihn ohnehin schon schwierig, auf so langen Strecken mit Größeren mitzuhalten. Dazu kommt, dass der Bursche ein notorischer Trödler ist und daher re-

3. Wandertag · Geretsried – Bad Tölz

Erstaunlich, wie schnell wir zu Fuß den Bergen näher kommen.

lativ häufig angetrieben werden muss. Vor allem an Wegpassagen, die ihm langweilig erscheinen. Es ist mitunter schwer einzuschätzen, ob er nun tatsächlich erschöpft ist oder ob ihm einfach nur fad ist.

Fatale Folgen hat es außerdem, ihm mitzuteilen, dass das Tagesziel nahe ist: In diesem Fall verfällt der Achtjährige mit den frechen Sommersprossen in einen provozierenden Schlendergang. Er bleibt ungerührt auch mal 50 Meter zurück, drischt mit seinen Stöcken auf das Gestrüpp am Wegesrand ein und behauptet mit grantigem Gesichtsausdruck: »Ich kann nicht mehr!«

Doch so weit ist es heute noch lange nicht. Wir erreichen den legendären Malerwinkel. Wie Fenster durch den dichten Wald geben Aussichts-

Von München zum Inntal

punkte unvermittelt weite Blicke über den mäandernden Fluss und die nun doch schon recht nahe Bergkette der Alpen frei. Das Panorama ist beeindruckend. Auch die Kinder blicken begeistert in die Ferne und bewundern eine Landschaft, die sie so lieblich hier nicht vermutet hätten. Wir passieren eine Quelle, die aus dem Berg sprudelt und sofort einen kleinen Bach bildet, füllen unsere Wasserflaschen auf und queren auf romantischen Wegen den malerischen Rothbach. Der Bach mit dem eigenartig rostroten Grund schlängelt sich aus dem Unterholz heraus, dahinter verläuft der Weg wieder in Richtung Isar. »An einem Fluss muss es auch Flusskrebse geben«, überlegt Felix jetzt und schaut suchend ins Wasser. Fortan widmet er sich einer Tage andauernden, unermüdlichen Suche nach den Tieren. »Das gibt es doch nicht, irgendwo müssen die sich doch verstecken« – er kann es nicht fassen. Die ganze Isar und ihre Nebenflüsschen entlang ist keiner zu finden. Wir kommen auf sonnige Lichtungen, laufen kurze Strecken über Forstwege und gelangen schließlich wieder an den Fluss. Der ist nun schon deutlich schmaler als in München. Sauberer natürlich auch. Türkisblau ist das meist recht flache Wasser, das so friedlich dahinplätschert und eiskalt ist in diesem viel zu kühlen August. Wir passieren breite Kiesbänke und an einer packen wir unser spärliches Mittagessen aus. Da wir unerwartet an keiner Wirtschaft vorbeikamen, müssen jetzt die Müsliriegel reichen. Wir hatten uns zu Hause zuckerfreie Energieriegel gekauft, die zum einen wesentlich teurer sind als die normalen und zum anderen (vielleicht auch, weil sie zuckerfrei sind) weitgehend ungenießbar. Man muss sich einen Riegel vor-

Ein Marterl am Wegesrand.

3. Wandertag · Geretsried – Bad Tölz

stellen, der nach tropischer Frucht schmecken soll, tatsächlich aber den ebenso dumpfen wie penetranten Geschmack einer überreifen Banane hat. Wenn man die Augen schließt, könnte man sich vorstellen, die bereits tiefschwarze Schale abzuschälen und in das matschige Fruchtfleisch zu beißen. Es kann einem fast den Magen umdrehen.

Lukas, der auch sonst im Leben ein Gourmet ist, ekelt sich so sehr, dass er sich strikt weigert, die Riegel zu essen. Zum Glück hat er ein inzwischen allerdings relativ trockenes Lebkuchenherz, das ihm die Oma zum Abschied geschenkt hatte, bis hierher geschleppt und knabbert jetzt daran. Am Flusskilometer 193 verlassen wir die Isar und marschieren auf einer schmalen Verbindungsstraße durch die Weiler Lochen, Rimslrain und Fiecht in Richtung Bad Tölz. Es ist ein recht idyllischer Weg, der durchaus sehenswerte Ausblicke über sanfte Hügellandschaften bietet, vorbeiführt an alpenländischen Bauernhäusern und Kirchlein, an Viehställen und Weiden, auf denen Kühe wiederkäuen. Die einsamen Bushäuschen am Wegesrand wirken wie Relikte aus alten Zeiten. Als hätte sie der Requisiteur eines Heimatfilms mit all den alten Plakaten für die Dorfdisco und einem Busplan, der alles andere als Hoffnung auf baldiges Fortkommen macht, hier einfach stehen lassen.

In so ein Bushäuschen quetschen wir uns, gut eine Stunde nachdem wir die Isar verlassen haben. Es regnet jetzt nicht nur, es schüttet. Ein anderer Venedig-Wanderer zwängt sich dazu. Er ist allein unterwegs und hat ebenfalls Probleme mit den Füßen. »Ich habe mir kurz vor dem Start in München noch neue Schuhe kaufen müssen«, erzählt er etwas missmutig. Die läuft er seitdem intensiv ein. Mit allen bekannten und schmerzhaften Folgen, die neue Wanderschuhe eben so mit sich bringen.

Schnell ist er uns wieder weit voraus, als der Regen kurzzeitig nachlässt und wir alle weiterstapfen. Der Regen wird weniger, hört aber keineswegs auf. Es wird richtig ungemütlich, die Teerstraße traktiert meine Achillessehne, die sich inzwischen entzündet hat, und strapaziert die Kniegelenke, die eine solche Dauerbelastung auch nicht gewöhnt sind. Wir haben es längst aufgegeben, zusammen zu gehen. Jeder versucht, in seinem eigenen Rhythmus möglichst schnell vorwärtszukommen. Der

Von München zum Inntal

arme Felix schlurft daher, dick bepackt und in seinem Regenzeug kaum zu erkennen, stets 20 oder 30 Meter hinterher.

Sibylle wird abends über diesen Streckenabschnitt in ihr Tagebuch schreiben: »Felix bekommt wieder das heulende Elend, aber ich bin selbst so fertig. Dann ein Wunder. Ein Auto hält am Straßenrand, eine Frau fragt, ob sie uns triefende und schwer beladene Wanderer mit nach Tölz nehmen kann. Vor allem Felix hat ihr leidgetan.«

Wir zögern keine Sekunde. Vergessen ist das Vorhaben, jeden Kilometer nach Venedig zu Fuß zu gehen, wir sitzen glücklich im Auto. Die Scheiben laufen an, die Heizung bullert und wir sind einfach nur froh, nach gut sieben Stunden – es ist inzwischen 17 Uhr – nicht mehr laufen zu müssen. Wandern ist herrlich, im strömenden Regen in einem warmen Auto zu fahren aber definitiv reizvoller.

Wir fahren am Isar-Stausee vorbei, der im Dauerregen versinkt. Egal. Man muss nicht alles gesehen haben. Direkt vor dem Gasthof Zantl setzt uns unser rettender Engel ab und wir sind unendlich dankbar. Dankbar, die letzten viereinhalb Kilometer nicht im Regen gelaufen zu sein, dankbar, uns endlich hinlegen zu können, dankbar, die ärgerlicherweise nassen,

Endlich am Ziel einer sehr anstrengenden Etappe: der Gasthof Zantl in Bad Tölz.

170 Euro teuren Lederstiefel ausziehen zu können. Es macht sogar fast nichts, dass die Dusche wieder einmal kalt ist.

Es gibt auf einer Wanderung wie dieser durchaus Situationen, in denen man sich fragt, warum man sich das alles eigentlich antut. Auf der mit 13 Kilometern gar nicht so langen Strecke zwischen Rimslrain und Bad Tölz ging es mir so. Außerdem habe ich ein schlechtes Gewissen, weil die Idee von mir stammte, solch eine Wahnsinnsstrecke zu gehen. Die

3. Wandertag · Geretsried – Bad Tölz

Verlockung ist in Momenten wie diesen schon sehr groß, fluchend die Stöcke hinzuschmeißen, per Handy ein Taxi zum Bahnhof zu rufen und mit dem Zug nach Hause zu fahren.

Ein entscheidender Grund, warum wir am nächsten Tag dann doch weitergehen und sogar wieder fast euphorisch sind, ist wahrscheinlich der, dass wir uns vorgenommen haben, etwas ganz Besonderes zu erleben. Dass wir in die Planung zwar ein gewisses Bangen, aber auch viel Vorfreude gepackt hatten. Und die lassen wir uns auch von einem Regentag oder schmerzenden Füßen nicht so einfach kaputt machen. Vielleicht gehen wir aber auch deshalb weiter, weil die Berge nun ohnehin schon fast zum Greifen nahe scheinen. Oder weil wir längst der Faszination erliegen, wie weit wir als Familie zu Fuß kommen können. Wahrscheinlich aber sind wir ganz einfach nur stur.

Im Gasthof Zantl sind wir trotzdem so fertig, dass wir vorsichtshalber, bevor uns doch wieder der Übermut packt, sofort die Tour für den morgigen Tag umplanen. Wir werden nicht auch noch aufs Brauneck hochlatschen, wie ich das geplant hatte, wir werden mit der Seilbahn fahren. Die Kinder jubeln.

Der Jubel verebbt schnell wieder, als sie einsehen, dass der versprochene McDonald's so weit weg ist, dass wir unmöglich heute noch dorthin laufen können. Lukas ist grantig. Daher muss ich nun zumindest mein leichtsinnigerweise gegebenes Versprechen einhalten, mit ihm noch Fußball zu spielen, »und wenn es bei strömendem Regen sein muss«. Schließlich schleppt er den Ball seit München tapfer mit sich herum. Ich spiele, wenn auch »einbeinig«, da meine Achillessehne mit einem schmerzhaften Ziehen bis hinauf in die rechte Kniekehle protestiert. Sibylle wäscht inzwischen im Waschbecken Socken und Unterwäsche aus und flucht lautstark, dass »der elende Stöpsel nicht dicht hält«.

Wir essen gleich unterhalb unserer Zimmer im Zantl, wo es bayerisch-ökologische Küche gibt. Die ist zwar nicht billig, dafür aber unerwartet gut. Wer einmal vorbeikommt, sollte unbedingt die Pfannkuchensuppe probieren. Die Wirtin kocht Kalbsknochen für die Brühe aus und das schmeckt unvergleichlich.

Von München zum Inntal

Da der Tag anscheinend noch nicht aufregend genug war, noch eine kleine Schrecksekunde: Lukas schreit auf, weil er unabsichtlich in sein Limoglas gebissen und nun den ganzen Mund voller Scherben hat. Sorgsam klauben wir sie ihm heraus. Immerhin verletzt er sich dabei nicht.

Es tut gut, dass sich die alte Zantl-Wirtin zu uns setzt. Sie hat schon viele Venedig-Wanderer gesehen. Viele, die mühsam weitergelaufen sind, viele, die in Bad Tölz pausiert und ihre Füße wieder auf Vordermann gebracht haben, aber auch viele, die aufgegeben haben. Der Traumpfad ist für die weniger Fitten mitunter ein Leidensweg – wenn auch ein wunderschöner.

»Die Strecke von München bis hierher ist die schwierigste«, sagt sie: »Ich habe viele gesehen, die mit dicken Blasen angekommen sind und gemeint haben, dass hier für sie Schluss ist. Aber am nächsten Tag ging es dann meistens doch weiter.« Für uns wirklich aufbauend ist die Geschichte, die sich erst vor ein paar Tagen abspielte. »Vier Männer, alle zwischen 40 und 50, haben mit dem Handy angerufen und gesagt, sie stehen am Stausee; sie wollen bei mir übernachten, können aber keinen Schritt mehr gehen. Ich hab sie dann mit dem Auto abgeholt.« Es tröstet uns, dass es anderen genauso ergeht wie uns. Vielleicht sind wir ja doch keine Weicheier. Auch wenn wir uns genau so fühlen. Und nun ganz schnell ins Bett, schließlich wollen wir – kleiner Scherz – wieder einmal früh los.

4. Wandertag · Bad Tölz – Braunseck-Gipfelhaus

4. Wandertag: Die Alpen grüßen mit Blitz und Donner
Bad Tölz – Brauneck-Gipfelhaus (15 Kilometer)

Vorgesehene Wanderzeit nach Lenggries 4 Stunden,
Realzeit mit Bergbahnfahrt aufs Brauneck 5:30 Stunden

Aus dem frühen Aufbruch wird es wieder einmal nichts. Dabei stehen wir um 7:20 Uhr auf und genießen exakt eine Stunde später ein wirklich exzellentes Bio-Frühstück mit selbst gebackenem Brot, hausgemachten Marmeladen und frisch gepressten Säften. Der Grund, warum es länger dauert, aus Bad Tölz loszukommen, ist der Aufenthalt in der Apotheke. Dort werden wir Wanderer mit wissendem Lächeln empfangen. »Die Venedig-Geher kommen fast alle hier vorbei«, grinst der Apotheker süffisant. Schade, dass er gegen Achillessehnenbeschwerden bis auf den unbrauchbaren Rat, dem Fuß ein paar Tage Ruhe zu gönnen, trotzdem nicht allzu viel zu bieten hat: nur zwei Sälbchen, um die Entzündung zu lindern oder, wie mir scheint, vor allem den Schmerz zu betäuben.

Kniebandagen für die geschundenen Gelenke. Ein bisschen peinlich vielleicht – aber sehr wohltuend.

Die nächste Station ist ein Drogeriemarkt, wo wir sehr altbacken aussehende Bandagen für unsere schmerzenden Knie erstehen. »Sind wir so gebrechlich?«, fragt Sibylle, die sich ein wenig wie die Patientin einer Reha-Klinik vorkommt. »Äußerlich nicht«, verteile ich nach einem bewundernden Blick auf meine Frau, die nach der vielen frischen Luft der letzten Tage wie das blühende Leben aussieht, Komplimente. Innen offensichtlich schon, da meine Gelenke und mir bisher unbekannte Sehnen bei jedem Schritt eindeutig zu lokalisieren sind. Daher sind wir für die Bandagen, die wir normalerweise schon aus optischen Gründen abgelehnt hätten, wirklich dankbar. Nur gut, dass das regnerische Augustwetter ohnehin keine kurzen Hosen erlaubt.

In Tölz keine Pause zu machen ist ein Fehler, den auch wir begehen. Zum einen ist die Muskulatur inzwischen so sehr beansprucht, dass ihr ob der ungewohnten Bewegungen ein Tag Pause oder gar der Wellnessbereich eines guten Hotels guttun würden. Zum anderen ist das Städtchen einfach zu schön, um es nur zu durcheilen. Abgesehen davon: Wer bis hierher kommt – und das sind längst nicht alle –, hat sich diese Auszeit verdient. Schließlich ist das hier ein Traumpfad, kein Buß- und Pilgerweg.

Bad Tölz ist an einem sonnigen Tag ein Traum. Vor allem die Fußgängerzone mit den schmucken Gemälden an den Hauswänden, den alten Wirtshäusern, den plätschernden Brunnen, den vielen Bänken und den opulenten Blumenkästen an den Fenstern strahlt eine Gemütlichkeit aus, die ansteckend ist. Das Bilderbuchstädtchen am Fuße der Alpen, das sich ein wenig den Charme längst vergangener Zeiten bewahrt hat, ist ein kleines Highlight einen Tag vor dem ersten Gipfelsturm der München-Venedig-Wanderung.

Es ist eigenartig, wie schnell man sich an die auf dem Weg herrschende Ruhe gewöhnt und sie dann auch nicht mehr missen möchte. Wer durch die Tölzer Fußgängerzone in Richtung Isar geht, trifft an der Brücke völlig unvermittelt auf ein lärmendes Verkehrschaos. Was gemeinhin nicht stört, erscheint uns nach drei ruhigen Wandertagen plötzlich unerträglich. Doch unten am Fluss bleiben die Motorengeräusche schnell zurück, das vertraute Plätschern der Isar tritt in den Vordergrund und wir wandern zügig los. Wir sind aufgeregt, denn vor uns erheben sich eindrucksvoll die Berge. Außerdem erwartet uns heute Abend die erste Übernachtung auf einer Hütte.

Das Wetter ist eher durchwachsen, hin und wieder nieselt es sogar und trotzdem schreiten wir beschwingt voran. Die Kniebandagen stabilisieren die Gelenke wunderbar, der Muskelkater in den Beinen ist heute nur kurz zu spüren, vor allem aber haben wir uns jetzt an die Rucksäcke ge-

4. Wandertag · Bad Tölz – Brauneck-Gipfelhaus

Die Tölzer Steinpyramiden: faszinierender Blickfang auf den Kiesbänken der Isar.

wöhnt. Das hat zwar einen Tag länger gedauert, als mein Vater prophezeit hatte, doch auch diese schmerzhafte Erfahrung liegt nun hinter uns. Wir nehmen das Gewicht plötzlich als selbstverständlich hin, sind irritiert: Wir werden doch nicht tatsächlich richtige Wanderer geworden sein?
Man mag die Strecke zwischen Bad Tölz und Lenggries als langweilig empfinden, da sie flach, gut befestigt und einfach zu gehen ist. Wir finden sie sehr reizvoll. Geröllfelder mit teils kargem, flachem Bewuchs erinnern an die Tundra und mit jedem Schritt treten die Konturen der Berge schärfer aus dem Morgendunst hervor. In unserer Begeisterung stört es nicht einmal, dass es nun zeitweise heftig zu regnen beginnt. Fröhlich bewundern wir die Steinpyramiden, die ein Künstler bis zu zwei Meter hoch zu einem sehr vergänglichen Kunstwerk aufgeschichtet hat. Eine skurrile Steinlandschaft von gut 50 Pyramiden, direkt am

Fluss, die wohl vom Frühjahrshochwasser wieder von der Kiesbank gerissen wird.

Die zahlreichen Wegweiser kann man getrost vergessen. Sie dienen offensichtlich lediglich der groben Orientierung, ob man denn auch in die richtige Richtung läuft. Die Kilometerangaben dagegen unterstellen dem Wanderer immer wieder, er hätte sich in der letzten halben Stunde nicht vorwärts-, sondern rückwärtsbewegt. Vor allem die Kinder regen sich auf. »Das ist doch eine Frechheit«, schimpft Lukas, »da freut man sich, bald am Ziel zu sein, und dann dauert es doch noch Stunden.« Recht hat er. Wer völlig fertig im Dauerregen erleichtert registriert, fünf Kilometer vor dem Tagesziel zu sein, ist reichlich demoralisiert, wenn er eine halbe Stunde später die doppelte Kilometerzahl auf dem Wegweiser liest. Die Wahrheit liegt wohl irgendwo in der Mitte.

Langsam verziehen sich die Regenwolken, der Dunst lichtet sich und Lenggries ist nun auch nicht mehr weit. Unglaublich, dass wir drei Tage zuvor noch zwischen Glockenspiel und Touristen mitten in der Großstadt standen und jetzt schon am Fuß der Alpen sind.

Die Kinder halten nach wie vor gut mit, laufen mal begeistert, mal etwas schleppend, je nachdem, was die Landschaft hergibt. Gemessen natürlich an ihren eigenen Maßstäben. Die Berge werden von ihnen lediglich als netter optischer Reiz angesehen, viel spannender ist, was sich an der Isar tut. Jeder Bach, der in den nun schon sehr kleinen Fluss mündet, ist interessant – Felix sucht noch immer Flusskrebse –, die Steinpyramiden sind faszinierend, vor allem aber finden sie Kiesbänke toll. Aufregend ist es, wenn dicke Baumstämme ans Ufer geschwemmt wurden. Die schieben sie mit größter Anstrengung wieder zurück ins Wasser und jubeln, wenn sie langsam in Richtung München davontreiben. Immer ein Hit ist es, große Steine mit einem satten Plumps ins Wasser zu werfen, Dämme zu bauen oder über mannshohe Felsen zu klettern. Schade allerdings, dass es zum Baden eindeutig zu kühl ist. Das hängt zum einen mit der Außentemperatur, zum anderen aber auch damit zusammen, dass aus der beschaulich an München vorbeiziehenden Isar hier längst ein eisiger Gebirgsfluss geworden ist. Highlight des Tages ist für

4. Wandertag · Bad Tölz – Brauneck-Gipfelhaus

die Kinder die kleine Schlange, die wir zwischen von Wasser umspülten Steinen entdecken.

Kurz vor Lenggries wird der Weg immer idyllischer. Sattgrüne Wiesen säumen den Fluss, die Sonne spielt mit den Blättern der Bäume, Kühe weiden oder glotzen uns gelangweilt hinterher, das Glöckchen eines Kirchleins läutet und von irgendwoher duftet es nach frischem Leberkäse. Felix fällt immer mehr zurück, traktiert einmal mehr die Büsche und Sträucher am Wegesrand gelangweilt mit seinen Stöcken und braucht außerdem dringend eine längere Pause. Selbst die zugegebenermaßen etwas weit hergeholte Fantasie, er solle sich vorstellen, das Krokodil von Peter Pan zu sein – das bekanntermaßen eine ständig tickende Uhr verschluckt hat – und immer im Rhythmus des Tickens zu laufen, spornt ihn nur noch für kurze Zeit an. Gestern hat das besser funktioniert.

»Ich will hier weg«: ein perfektes Motto für wanderunlustige Kinder – das nach einem Eis schnell wieder vergessen ist.

Die Strecke führt nun durch den malerischsten Ortsteil von Lenggries. Wir wandern ein kaum befahrenes Gässchen entlang mit den herrlichsten Blumengärten, die wir je gesehen haben. Immer wieder bleiben wir stehen und bewundern, mit welcher Fantasie, Liebe und welch immensem Zeitaufwand die Lenggrieser ihre Gärten in kleine Paradiese verwandelt haben. Selbst die Jungs sind fasziniert von dieser überbordenden Blütenpracht. So richtig strahlen die Kinderaugen aber erst, als sie die Gondeln der Bergbahn sehen.

Aus Zeitgründen gehen wir nicht Mittagessen, sondern versorgen uns in einem Supermarkt mit Radler, Cola, Wurstsemmeln, Eis und Süßigkeiten. Wir verstauen uns und unser Gepäck mühsam in der engen Viergondel und genießen eine zünftige Brotzeit, während wir lautlos dem Brauneck entgegenschweben. Der Gipfel kommt näher, hinter uns breitet sich das Voralpenland aus, doch rechts wird es tiefschwarz. Soeben noch hatte die Sonne geschienen, jetzt zieht mit unglaublicher Geschwindigkeit ein durchaus bedrohlich erscheinendes Unwetter heran. Es bricht los, als unsere Gondel gerade oben ist. Blitze zucken ohne Unterlass aus dicken schwarzen Wolkenbänken, dazwischen scheinen ganz unwirklich ein paar Sonnenstrahlen auf einen plötzlich sattgrünen Bergrücken inmitten des ganzen Spektakels. Außerdem schüttet es, als hätte sich ein tropischer Monsunregen aufs Brauneck verirrt. Der Wind faucht in so heftigen Böen um die Bergstation, dass gar nicht daran zu denken ist, weiterzugehen. Tief grollender Donner macht auf sich aufmerksam und die Kinder blicken immer wieder ängstlich nach draußen. Selbst das nur vier Gehminuten entfernte Brauneck-Gipfelhaus ist bei diesen Urgewalten unerreichbar. Wir bekommen erstmals einen Eindruck, was schlechtes Wetter in den Bergen bedeuten kann. Es ist eine wichtige Lehre für uns, schließlich wären wir, wenn wir das Brauneck nur eine halbe Stunde zuvor erreicht hätten, sicher trotz der dunklen Wolken in Richtung Tutzinger Hütte weitergewandert. Die entspannende Halbtagestour hätte sich zu einem Fiasko entwickelt. Wir hätten unter großen Felsblöcken vor Regen, Wind und Blitzschlag Schutz suchen müssen.

Über eine Stunde verbringen wir im Restaurant der Bergstation, trinken Cappuccino und sehen durch die Panoramascheiben dem Toben der Naturgewalten zu. Heute noch zur Tutzinger Hütte zu kommen haben wir uns schon aufgrund der Uhrzeit (es ist bereits 16 Uhr) abgeschminkt, unser Kommen per Handy abgesagt und auf dem Brauneck-Gipfelhaus vier Betten im Lager reserviert. Sibylle ist sauer. Schlafen im Lager, das war so ziemlich das Einzige, vor dem es ihr bei dieser Wanderung wirklich gegraut hat. Die Aussicht, mit zehn oder 20 anderen laut schnarchenden Bergwanderern in einem Schlafsaal zu übernachten, ist für sie eine Horrorvorstellung. »Ich werde kein Auge zumachen«, weiß sie schon jetzt. Ich bin optimistischer, irgendwie wird es schon gehen.

Umso größer ist die Erleichterung, dass das Lager ein zwar kleines, aber gemütliches, holzvertäfeltes Achterzimmer mit zwei Fenstern, Stockbetten und karierten Bettbezügen ist. Die Wirtin will außerdem dafür

4. Wandertag · Bad Tölz – Brauneck-Gipfelhaus

Unwetter auf dem Brauneck. An ein Weiterlaufen ist nicht zu denken.

sorgen, dass wir allein bleiben. »Das ist doch mit den Kindern angenehmer«, weiß sie. »Viele Gäste werden bei dem Sauwetter ohnehin nicht mehr kommen.«

Endlich ist der Spätnachmittag einmal so, wie wir uns das eigentlich von Beginn an vorgestellt hatten. Die Kinder liegen auf dem Bett und hören Musik, Sibylle und ich finden tatsächlich Zeit, in unseren bis hierher mitgeschleppten Büchern zu lesen, und zwischendurch bewundern wir von unseren Fenstern aus einen prächtigen Regenbogen, der sich über das Jachental spannt.

Das einzige Problem ist meine rechte Achillessehne, die immer stärkere Schmerzen verursacht. Ich habe in Lenggries Quark gekauft und Sibylle legt mir nun einen entzündungshemmenden Wickel auf die lädierte Sehne.

Unser erstes Bergessen ist die Abrundung des erholsamen Nachmittags. Alpenvereinsmitglieder erhalten auf Hütten gegen Vorlage des Ausweises stets ein vom Wirt festgelegtes Bergsteigeressen, das nicht nur günstiger ist (meist sechs bis sieben Euro), sondern auch richtig satt machen soll. Da ich heute meine erste Bergübernachtung auf einer Hütte feiere, gibt es konsequenterweise Bergsteigeressen. In der Erwartung echter Bergkost schaue ich dann doch etwas verblüfft, als mir der Wirt Spaghetti mit Tomatensoße auf den Tisch stellt. Auf das Bergsteigergetränk (meist Wasser, mit süßem Sirup »verfeinert«, für eineinhalb bis zwei Euro) verzichte ich dann zugunsten eines mir weit sympathischeren Weißbiers.

Draußen wird es langsam dunkel. In einer kurzen Regenpause gehe ich mit Felix die letzten Meter hinauf zum Gipfelkreuz. Die Windböen sind heftig, doch der Blick ist aus 1555 Metern Höhe spektakulär. Dicke Nebelschwaden ziehen vom Tal herauf, immer wieder reißt die Abendsonne ein Loch in die Wolken und unterhalb, vor dem Gipfelhaus, weht eine weißblaue Fahne im Wind. Die Bergbahn hat ihren Betrieb längst eingestellt, wir sind ein wenig abgeschnitten von der Welt. Das ist nicht unangenehm, im Gegenteil, wir fühlen uns, so fernab des gewohnten Lebens, der Natur ganz nahe.

Wir spielen mit den Kindern Karten. Allerdings geraten sich unsere beiden Jungs über die Frage, wer mischen darf, derart in die Haare, dass ich sie völlig genervt an einen anderen Tisch verweise. Es soll niemand glauben, dass sie, ganz egal wie anstrengend der Wandertag war, nicht mehr die Kraft hätten, mit dem Bruder um (für uns) völlig unsinnige Dinge zu streiten. Sibylle glättet die Wogen zwischen uns dreien relativ bald wieder und wir spielen noch ein wenig. Vor allem Felix ist von seinem ersten Hüttenabend vollkommen begeistert und lächelt glücklich, als wir ihn in sein Stockbett bringen. Auch wir sind sehr entspannt. Es war der bisher schönste Tag der Wanderung. Unglaublich, wir sind trotz der Anstrengungen jeden Tag noch mehr begeistert vom Traumpfad.

5. Wandertag: Steinböcke in freier Wildbahn
Brauneck-Gipfelhaus – Jachenau (23 Kilometer)

Vorgesehene Wanderzeit 6:30 Stunden, Realzeit 8:45 Stunden

Nachdem wir gestern aufgrund des Wetters weit weniger geschafft haben als vorgesehen, müssen wir heute einen Zahn zulegen. Es steht also eine wirklich lange Tour an, für die zwischen sechs und sieben Stunden vorgesehen sind. Wir werden die eigentlich als »Erholungsetappe« vorgesehene Strecke von der Tutzinger Hütte in die Jachenau um die dreieinhalbstündige Strecke vom Gipfelhaus zur Tutzinger Hütte ergänzen. Daher freuen wir uns, dass wir bereits um 9:10 Uhr (absoluter Rekord bisher!) loskommen.

Nach dem gestrigen Unwetter ist die Luft frisch und klar, die Sonne scheint und die Fernsicht ist überwältigend. Bis nach München, dem Ausgangspunkt unserer Wanderung, können wir heute sehen.

Spätestens vor dem Brauneck-Gipfelhaus wird klar, was wir uns vorgenommen haben. Im Hintergrund sind das Karwendel und Teile des Alpenhauptkammes zu sehen.

Sogar die Türme der Frauenkirche sind zu erahnen. Faszinierend ist es auch, im leichten Dunst und von oben die zahlreichen Flugzeuge zu beobachten, die am Münchner Flughafen landen und starten. Immer wieder bleibt Felix stehen und schaut ins Voralpenland hinunter. Einmal sagt er: »Mensch, Papa, ist das schön hier.« Und mir geht das Herz auf. Auch Lukas ist anzumerken, dass es ihm gefällt.

Von München zum Inntal

Mehr Auf und Ab als gedacht: Die Strecke vom Brauneck in Richtung Tutzinger Hütte ist alles andere als flach.

Dabei bin ich hin und wieder durchaus am Zweifeln, ob es gut ist, die Kinder auf diese Tour mitzuschleppen. Sicher, wir haben die Etappen verkürzt und unseren vermeintlichen Kräfteverhältnissen angepasst. Aber so genau ist es nicht auszumachen, ob es den Kindern zu viel wird oder nicht. Der zehnjährige Lukas steckt uns konditionsmäßig allerdings in die Tasche, er läuft meistens mühelos voran. Bei Felix kommen wir immer wieder ins Grübeln. Andererseits packen die beiden täglich abends ihren Fußball aus. Zu anstrengend kann es folglich eigentlich nicht sein.

5. Wandertag · Brauneck-Gipfelhaus – Jachenau

Nach ein paar Tagen merken wir, dass die Kinder mehr Freude an unserer gemeinsamen Unternehmung finden als gedacht. »Selbstfindungstrip einer Familie« nannte ein Bekannter leicht ironisch die Tour und spottete über eine »Familientherapie«. Ein Zyniker, in dessen Worten aber wohl mehr Wahrheit steckt, als er selbst vermutet hatte. Vielleicht ist es genau das, was die Kinder an dieser gemeinsamen Unternehmung so schätzen. Es ist immer genügend Zeit füreinander da.

Morgens um neun ist es angenehm ruhig auf dem Brauneck. Wir sind fast allein in der ersten Stunde. Die Wegführung ist wieder einmal weit weniger gemächlich als erhofft. Es geht auf den Latschenkopf hinauf (1712 Meter), einen Grat entlang und später wieder relativ steil hinunter zur Tutzinger Hütte (1327 Meter). Sibylle, die heute erstmals seit München kaum Muskelschmerzen hat, rutscht kurz ab und landet mit dem Hintern exakt in der wassergefüllten Mulde eines Steines. Entsprechend grantig läuft sie nun mit klitschnasser Hose weiter. Vor allem, nachdem die Kinder behaupten, die Mulde wäre vorher noch nicht da gewesen.

»Schaut mal, da sind Steinböcke«, ruft Lukas plötzlich. Ich war so mit mir selbst beschäftigt, dass ich die kleine Herde der prächtigen Tiere gar nicht gesehen hätte und wohl glatt an ihnen vorbeigelaufen wäre. Dabei stehen sie keine 30 Meter von uns entfernt mit ihren eindrucksvoll gebogenen Hörnern in steilem Gelände. Sie fressen in aller Ruhe, gehen ein paar Schritte zu einem verlockenderen Weideplatz und blicken umher, als würden sie die Umgebung genauso bewundern wie wir. Von uns lassen sie sich nicht im Geringsten stören. Die

Aufregend: Steinböcke in freier Wildbahn.

Von München zum Inntal

Kinder sind hin und weg. Wir bleiben eine Zeit lang stehen und lassen die Szene auf uns wirken. Für uns vier Stadtmenschen ist es ein eindrucksvolles Erlebnis, Steinböcke in freier Wildbahn und aus solcher Nähe beobachten zu können. Schon wieder hat es sich gelohnt, losgelaufen zu sein.

Auch wenn wir irgendwann erschrocken feststellen, dass wir gute vier Stunden für eine Strecke benötigt haben, für die eine Gehzeit von zweieinhalb bis drei Stunden angesetzt ist. Wie sollen wir es bis Venedig schaffen, wenn wir keine einzige Zeitvorgabe auch nur halbwegs einhalten können? Schließlich stehen auf dem Traumpfad ein paar Etappen an, die neun Stunden lang sind und nicht geteilt werden können, da es unterwegs keine Unterkünfte gibt.

Die Tutzinger Hütte mit ihrer rustikalen Holzterrasse an dem kleinen Bachlauf ist optisch ein Traum. Sie liegt im Schatten der Benediktenwand und doch in der Sonne, ist umgeben von Bäumen und erlaubt trotzdem beeindruckende Ausblicke ins Tal.

Unangenehm ist, dass wir die soeben abgestiegenen 100 Höhenmeter nun mit vollem Bauch wieder nach oben müssen. Ein kräftezehrender Aufstieg bis auf 1569 Meter, der allerdings mit einer spektakulären Aussicht entschädigt wird. Immer kleiner wird die Tutzinger Hütte und wenn man dann endlich oben ist, geht es gleich wieder nach unten – zur Glaswandscharte auf 1324 Meter. Ein rutschiger, ausgetretener, unangenehmer Weg ist das, der höchste Konzentration erfordert. Kantige Steine und offen liegende Wurzeln sind gefährliche Stolperfallen. Bei Regen könnte es hier unangenehm werden. Wir sehen aber auch heute immer wieder frische Blutspuren auf den Steinen. Offensichtlich hat sich ein Wanderer, der kurz vor uns gelaufen ist, doch ganz erheblich verletzt.

Wer will, kann rund ums Brauneck tagelang wandern.

5. Wandertag · Brauneck-Gipfelhaus – Jachenau

Die weit unten gelegene Jachenau mit ihren sattgrünen Wiesen ist das Tagesziel des fünften Wandertages.

Es folgt ein stundenlanger Marsch. Zwar auf einer Forststraße, aber durch eine wunderbare Bergwelt. Überall könnte ich stehen bleiben, fotografieren, filmen oder einfach die Umgebung bewundern. Doch dafür ist jetzt nur wenig Zeit. Wir müssen weiter, auch wenn es langsam schwerfällt. Wir essen zwischendurch sogar Müsliriegel. Multi-Power für die müden Muskeln.

Es geht über Weiden, auf denen in aller Gemütsruhe Kühe grasen, und endlos durch kühle Wälder. Als alle schon so erschöpft sind, dass jedes aufmunternde Scherzchen meinerseits komplett ignoriert wird, kommt das kleine Örtchen Jachenau in Sicht. Vier Stunden nach der Tutzinger Hütte, um 19:15 Uhr, laufen wir endlich die Ortsstraße entlang. Keinen Meter will ich mehr gehen, so sehr tun mir die Oberschenkel, die Achillessehne und die Füße weh. An ein Ende ist allerdings noch nicht zu denken, da wir noch auf die gut 500 Meter entfernte Hütte der DAV-Sektion Ringsee müssen. Doch im Gasthof Post sind zumindest eine Pause und das Abendessen angesagt. Ich bin so erledigt, dass ich insgeheim damit liebäugle, hier einfach zwei Zimmer zu nehmen und das bereits bezahlte Lager sausen zu lassen. Die Preisliste schaue ich mir schon einmal an, so teuer wäre es gar nicht. Schließlich lasse ich dann aber doch die Vernunft siegen.

Wir sitzen im Biergarten und schälen die Schuhe von den Füßen. Endlich, frische Luft für die geschundenen Zehen. Lukas hingegen packt seinen Ball aus und spielt mit Felix im Garten Fußball. »Komm, Papa, mach mit«, lacht er mich an. Eine kleine perfide Lektion in Sachen Zähigkeit für die Eltern – und das nach einer Tagestour, die, wenn auch mit Pausen, von 9:15 Uhr bis 19:15 Uhr gedauert hat. »Nein«, antworte ich entsetzt, »ich spiele heute ganz sicher nicht mit.«

Der Schmerz in meiner Achillessehne zieht nun wirklich bösartig in die rechte Wade hinauf, als wir in der Dämmerung und zum Abschluss unserer vermeintlichen Erholungsetappe noch einmal gut 15 Minuten zur Hütte laufen. Humpelnd bewältige ich die letzten Meter. Außerdem sticht es irgendwo am Rücken und die Oberschenkel brennen sowieso. Sibylle hat ihre Ganzkörper-Muskelschmerzen der ersten Tage wieder. Felix hat das Fußballspielen offensichtlich nun doch den Rest gegeben, er bewegt sich nur noch im Schneckentempo. Fast bin ich froh. Es ist ja ohnehin schon peinlich, dass mein achtjähriger Sohn mitunter zäher scheint als ich selbst.

Die Hütte der Sektion Ringsee ist ein Traum. Das Haus liegt auf einer kleinen Anhöhe inmitten einer Waldlichtung. Durch das Gelände plätschert ein kleiner Bach, der das Grundstück vom daneben liegenden Skihang trennt. Der mehrfach unterteilte Schlafraum unter dem niedrigen Dach erinnert an das Schlafzimmer von Schneewittchens Zwergen und der Gemeinschaftsraum könnte auch eine etwas altmodische Dorfgaststätte sein. Ein kurzer Ratsch noch mit dem ehrenamtlichen Hüttenwart Klaus und seiner Familie, ein kleines Kartenspiel, dann siegt die Erschöpfung. Wir fallen in die Betten und schlafen augenblicklich ein.

6. Wandertag: Flatterhafte Begleiter
Jachenau – Kaiserhütte (21 Kilometer)

Vorgesehene Gehzeit 3:30 Stunden, Realzeit 3:50 Stunden

Das Gepäck wird immer mehr zum Problem. Immerhin schleppe ich 17 Kilo mit mir herum, Sibylle 13, Lukas vier und Felix dreieinhalb Kilo. Vielleicht kommt meine Achillessehnenentzündung neben der ungewohnten Dauerbelastung auch vom beträchtlichen Gewicht des Rucksacks. Täglich tragen wir Dinge mit uns herum, die wir gar nicht oder zumindest nicht dringend brauchen. Die alte Bergsteigerweisheit, allenfalls die Hälfte von dem, was man zu benötigen glaubt, mitzunehmen, scheint sich doch zu bewahrheiten. Also packen wir aus: überflüssige T-Shirts, Ersatzbatterien, Ladegeräte, Alu-Sitzkissen, Ersatzpullis, Hosen, den elektrischen Rasierer und so weiter. Am Ende sind es gute drei Kilo, die uns der Hüttenwart unserer Sektion netterweise sogar nach Hause zurückschickt.

Überall findet Felix etwas Interessantes: Und wenn es ein Blatt so groß wie ein Regenschirm ist.

Auch wenn die Regenerationsphase durchaus ein wenig länger hätte sein können, geht es in der Jachenau mit der täglich frischen Vorfreude, was uns wohl heute erwarten wird, weiter. Außerdem werden wir im Rißtal bereits die Grenze nach Österreich überschreiten. Wir sind schon weit gekommen, finden wir.

Es ist deutlich zu spüren, dass der Rucksack nun leichter ist. Der Weg ist gut ausgeschildert, wenn auch unerwartet anstrengend. Es geht auf der Forststraße teilweise steil nach oben, insgesamt 433 Höhenmeter sind es zum Rißsattel. Ein sehr schöner Wegabschnitt beginnt aber bereits nach gut einer Stunde, als die Sonne vorsichtig den Dunst beiseiteschiebt, der Wald zurückbleibt und die Wanderung über freundliche Lichtungen führt. Malerische Bachläufe mit kleinen Wasserfällen plätschern, die Kinder würden am liebsten gleich hierbleiben. Dann ziehen sie doch fröhlich singend weiter.

Überhaupt wird viel gesungen auf dieser Wanderung. Auch ich stimme mitunter ein – wir sind schließlich allein.

Der Abstieg nach Vorderriß ist steil, aber der bisher schönste unserer Wanderung. Selbst die Kinder bleiben immer wieder gebannt stehen. Der Blick ins Rißtal ist spektakulär, das imposante Karwendelmassiv im Hintergrund scheint zum Greifen nahe und unten mäandert der türkisblaue Rißbach fast über die ganze Talbreite. Um das Bild auf dem schmalen Pfad, der sich steil nach unten zieht, noch abzurunden, umflattern uns plötzlich Hunderte von Schmetterlingen. Vertrauensselig setzen sie sich auf Rucksäcke, Arme und Kopf und lassen sich auch mal zehn Minuten lang von uns nach unten tragen, ehe sie wieder davonflattern. Für die Kinder ist das natürlich das Höchste, aber auch

Das **Karwendel** ist eine Gebirgsgruppe zwischen Isar, Achensee und Inn. Es gilt bis heute als eines der größten unbesiedelten Gebiete der gesamten Alpen. Der Grund liegt in den teils sehr langen Tälern, die entweder gar nicht erschlossen oder deren Zufahrtsstraßen zumeist für den Autoverkehr gesperrt sind.

Sibylle und ich wandern ganz beschwingt weiter. Ein bisschen zügiger dann, als wir sehen, dass unten der Gasthof Post mit seinem schönen, schattigen Biergarten lockt. Wo einst schon König Ludwig II. speiste, gibt es jetzt erst einmal ein kühles Weißbier.

In Vorderriß sind Grundsatzfragen zu klären. Wollen wir die gesamte Strecke zu Fuß gehen oder kürzen wir dort ab, wo die Strecke unattraktiv ist. Selbst der Erfinder des Traumpfades, Ludwig Graßler, ist pragmatisch in dieser Frage und nimmt im späteren Streckenverlauf schon mal ein Taxi zu Hilfe. Da der Wanderweg nach Hinterriß von einem Hochwasser weggespült wurde und wir auf der viel befahrenen Straße nicht gehen wollen, nehmen wir für die fünf Kilometer zur Kaiserhütte den Bus.

50

6. Wandertag · Jachenau – Kaiserhütte

Die Kaiserhütte ist keine klassische Berghütte, sondern ein gut frequentiertes Ausflugslokal mit vielen Tagesgästen aus München. Trotzdem gestatten uns die Wirtsleute in Ermangelung eines Trockners, unsere Wäsche im Geweih eines Hirschs aufzuhängen, dessen präparierter Kopf über dem prasselnden Ofenfeuer an der Wand des Gastraumes prangt.

Sibylle versorgt meine Achillessehnen mit Quarkumschlägen, während ich auf dem Bauch liege und lese. Lukas sitzt auf einer Holzbank in der Sonne. Er weigert sich beharrlich, Tagebuch zu schreiben, und verfasst stattdessen Fantasiegeschichten über sein Kuscheltier. Schade, was wären das für einzigartige Erinnerungen, wenn er seine Gedanken auch nur in Stichpunkten niederschreiben würde?

Ein Blick in Richtung Karwendel zeigt, dass es vollkommen unrealistisch ist, auf Ludwig Graßlers Originalroute über die Birkkarspitze zu gehen. Ausgedehnte Neuschneefelder auf dem Weg nach oben sind selbst aus der Ferne auszumachen. Das geht mit viel Mühe und Zähigkeit vielleicht zu zweit. Mit Kindern und unserem Tempo ist die konditionell anspruchsvolle Tour, die offiziell mit acht Stunden angegeben wird und als eine der drei Schlüsselstellen des Traumpfades gilt, kaum zu schaffen.

Improvisierter Wäscheständer: Wir dürfen unsere nassen Sachen im Gastraum zum Trocknen ans Geweih hängen.

7. Wandertag: Und plötzlich sind die Kinder weg
Kaiserhütte – Falkenhütte (16 Kilometer)

Vorgesehene Gehzeit 4:30 Stunden, Realzeit 8 Stunden

Klar nehmen wir uns auch heute vor, früh aufzustehen. Das klappt zwar wieder nicht, aber dafür ist diesmal unsere Ausrede prächtig: Der Wecker hat versagt. Immerhin wachen wir um acht Uhr von selbst auf und laufen bereits um 9:30 Uhr los. Wenn es nicht schon so spät wäre, wären wir fast ein bisschen stolz auf uns, innerhalb von eineinhalb Stunden abmarschbereit zu sein.

Die Landschaft ist überwältigend. Rechts rauscht der Rißbach stürmisch in Richtung Sylvenstcinspeicher, dahinter erhebt sich der Vorderskopf, links von uns dichte Wälder mit Bächen und kleinen Wasserfällen, durch die immer wieder Wanderwege nach oben führen, und vor uns müsste nun bald die erste der vier Karwendelketten zu sehen sein.

Entsprechend elanvoll gehen wir los. Leider auf der Straße, da der Bus nach Hinterriß erst in einer Stunde fährt und wir nun wirklich ein schlechtes Gewissen hätten, wenn wir erst um halb elf in den Bus steigen würden. Außerdem meinte die Wirtin, dass wir nach einer guten halben Stunde bereits in Hinterriß wären. Nach exakt einer Stunde pausenlosen Marschierens sind wir endlich da. Kurz nachdem wir das Ortsschild passieren, biegt dann auch der Bus um die Ecke. Das hätten wir uns also sparen können. Vor allem, nachdem der Weg an der Straße ebenso unattraktiv war wie vermutet und Sibylle zudem unterwegs ihre Armbanduhr verloren hat. Schließlich muss ich sogar noch einen kurzen Spurt einlegen, da ich befürchte, dass nun an der Haltestelle eine ganze Busladung Wanderer aussteigt und das Karwendel-Infozentrum blockiert.

Die Dame an der Information kommt zwar aus Franken, kennt sich aber trotzdem hervorragend im Karwendel aus. »Das mit den Kindern über

7. Wandertag · Kaiserhütte – Falkenhütte

die Birkkarspitze könnt ihr vergessen und auf der Strecke nach Scharnitz fahren Hunderte von Mountainbikern. Also geht ihr links ums Karwendel«, entscheidet sie so resolut, dass ohnehin kein Widerspruch möglich ist. Außerdem verkündet sie: »Ich reserviere euch ein Zimmer in der Falkenhütte, am Tag danach eines in der Lamsenjochhütte und dann könnt ihr von dort aus hinunter ins Inntal laufen. Das ist eh die schönere Strecke.« Also planen wir – oder sie für uns – spontan komplett um und ich verabschiede mich endgültig von der Birkkarspitze, die – wenn auch gegen jede Vernunft – bis vor ein paar Minuten doch noch irgendwie in meinem Kopf herumspukte.

Der Weg durch das Johannestal in Richtung Falkenhütte ist ebenso anstrengend wie schön. Schließlich sind von Hinterriß bis zum Hermann-von-Barth-Denkmal, das in etwa auf halbem Weg liegt, gute 450 Höhenmeter zu überwinden. Allerdings in einer spektakulären Kulisse. Immer wieder spitzen die Karwendelgipfel durch die Bäume und irgendwann öffnet sich der Blick in ein beeindruckendes Tal, in dessen Grund der Johannesbach ein breites Bett gegraben hat. Links unseres Weges geht es steil hinab.

Es ist ein gewaltiger Moment, als wir nach knapp vier Stunden mühsamen Bergauflaufens vor dem ebenso schroffen wie gewaltigen Bergmassiv, der ersten Karwendelkette, stehen. Einprägsam ist es vor allem deshalb, da soeben die Kinder verschwunden sind. Die Burschen wollten eine lang gezogene Serpentine abkürzen, schlugen sich ins Unterholz und sind jetzt, was untypisch ist, weder zu hören noch zu sehen. Sibylle wird sofort panisch, als die Jungs auf ihre Rufe nicht reagieren. Außerdem meint sie – im Gegensatz zu mir –, Felix um Hilfe

So schön wie lang ist der Weg durch das Johannestal.

schreien gehört zu haben. Kann nicht sein, beruhige ich sie, schließlich sind wir momentan in relativ flachem Gelände unterwegs.

Da wir mit der Möglichkeit rechnen, dass der Pfad, auf dem die Kinder unterwegs sind, weiter oben doch wieder zurück auf den Hauptweg führt, nehme ich nun beide Rucksäcke und laufe weiter, während Sibylle nervös zurückeilt.

Ich habe nicht die geringsten Bedenken, dass einer verloren gegangen sein könnte. Im Gegenteil, ich versuche, die Stimmung zu heben, und baue an der Gabelung, an der es links in Richtung Falkenhütte und rechts zum Karwendelhaus geht, mit unseren Wurstbroten und ein paar Schokoriegeln ein bescheidenes Büfett auf. Dann höre ich etwas. Fröhlich plaudernd – nur Mama grummelt noch ein wenig – kommen die beiden Burschen um die Ecke und stürzen sich auf das verlockende Mini-Büfett. Die Jungs hatten versehentlich einen Weg gewählt, der kurioserweise in Richtung Karwendelhaus, dem Ausgangspunkt zur Birkkarspitze, führt.

Die Brote und die Schokolade liegen uns bald schwer im Magen, denn jetzt geht es richtig bergauf. Vereinzelte Altschneefelder sind zwar ein Stück entfernt, aber durchaus auf unserer Höhe. Sibylle rinnt der Schweiß über das Gesicht, ihr reicht es langsam. Später schreibt sie in ihr Tagebuch: »Ab der Ladizalm wird es absolut brutal, ich hechle nur noch hinterher. Meine Waden protestieren energisch. Gerd läuft in den Teva-Sandalen, um den Druck von den Achillessehnen zu nehmen.«

Felix stapft langsam, aber gleichmäßig den Weg hinauf. Luft zum Jammern hat er nicht. Selbst Lukas keucht gewaltig. Er ist unsere Bergziege, meist marschiert er fröhlich singend voraus (»aber nur, weil mir sonst langweilig ist«), obwohl ihm diese Wanderung angeblich gar nicht gefällt. Doch jetzt jubelt er, als er das Dach der Falkenhütte sieht. Es sind nun nur noch ein paar Hundert Meter und um 17:30 Uhr sind wir da.

Der Ausblick von der Falkenhütte, einem dreistöckigen Bau, der mithilfe von im Boden verankerten Stahlseilen an jeder Hausecke auch dem stärksten Sturm trotzt, ist gewaltig. Hinter der Hütte ragen gut 50 Meter entfernt die gewaltigen Wände der Laliderer Spitze (2588 Meter) in

7. Wandertag · Kaiserhütte – Falkenhütte

die Höhe, gegenüber kommen letzte Wanderer vom knapp 1920 Meter hohen Ladizköpfl zurück. Ganz weit links liegt das Karwendelhaus und darüber erhebt sich die Birkkarspitze. Wir realisieren erst jetzt, dass wir heute von der auf 885 Meter liegenden Kaiserhütte auf 1848 Meter gestiegen sind. Knapp 1000 Höhenmeter sind schon für uns, vor allem aber für Felix, eine gewaltige Leistung.

Sibylle würde sich jetzt sogar auf das Bett im ungeliebten Sechserzimmer freuen. Ärgerlicherweise ist die telefonische Reservierung verloren gegangen. »Ich kann euch nur im Lager unterbringen«, sagt die Wirtin, die rechts vom Eingang in einem kleinen Kämmerchen sitzt und die Neuankömmlinge einweist. Sibylle würde, wenn sie könnte, am liebsten weitergehen. Ich finde es gar nicht so schlimm und freue mich auf diese neue Erfahrung, die uns dank des Alpenvereinsausweises exakt 22 Euro (für alle) kostet.

Gut zwei Hundertschaften vollgeschwitzter Bergstiefel stehen auf langen, vierstöckigen Regalen vor der Treppe zu den Schlafgeschossen aufgereiht. Warum das kaum zu riechen ist, ist mir ein Rätsel. Über ausgetretene, knarzende Holzstufen steigen wir nach oben und betreten einen erstaunlich

Ein Bergwanderer aus alten Zeiten. Wandmalerei in der urigen Falkenhütte.

gemütlichen Raum. Die schrägen Decken sind mit Holz verkleidet, das Lager mit Trennwänden in Vierer-Abteile unterteilt, der Kopf liegt anheimelnd in der Schräge. Der gesamte Saal, in dem gut 25 Leute übernachten, ist auch noch mit einer hohen Holzwand in zwei Hälften getrennt. Man kann sich wirklich nicht beklagen. Auch wenn wir es ein bisschen komisch finden, dass auf drei eng aneinandergepressten Matratzen vier Personen Platz finden sollen. Die Kinder finden es hier toll und selbst Sibylle kann sich mit den Verhältnissen anfreunden.

Langsam wird es dunkel und wir gehen noch einmal vor die Hütte. Nach diesem intensiven Tag ein letztes beeindruckendes Naturschauspiel. Die

55

Von München zum Inntal

Sonne taucht die Gipfel in rötliches Licht, während es in den Tälern bereits dämmert. Es wird plötzlich kalt, ich ziehe die Jacke enger um mich. Trotzdem können wir uns von dem stimmungsvollen Ausklang des Tages kaum trennen, sehen zu, wie die Konturen der Berge sich auflösen und in der Dunkelheit verschwinden. In der Falkenhütte haben die Wirtsleute die Beleuchtung angeschaltet. Ansonsten ist in dieser Bergwelt, wenn es Nacht wird, weit und breit nicht das kleinste Lichtlein zu sehen.

Mein Magen knurrt, aber das geht nicht nur mir so. Wer heute hier oben ist, hat eine anstrengende Tour hinter sich und die Belohnung dafür kommt aus der Küche der Falkenhütte. Das Wiener Schnitzel ist riesengroß und vor allem gut. Auch die anderen typischen Hüttengerichte wie Speckknödelsuppe, Germknödel oder Wurstsalat schmecken ausgezeichnet. Noch zwei Tafeln Schokolade, ein paar zünftige Mau-Mau-Schlachten mit den Kindern, ein Bierchen zu zweit, nachdem die Kinder schon schlafen, dann steigen auch Sibylle und ich ins Bett. Erstmals kommen in dem Lager unsere Stirnlampen, vor allem aber die Ohrenstöpsel zum Einsatz.

Gemütliches Bettenlager: Auch Elefant Kuschli fühlt sich wohl.

Es war unser anstrengendster Wandertag. Sieben der acht Stunden aber haben sich wirklich gelohnt und der unsinnige Fußmarsch auf der Straße nach Hinterriß versinkt fast augenblicklich im Reich der Träume.

8. Wandertag: Schlechtes Wetter und Schmerzen

Falkenhütte – Eng (6 Kilometer)

Vorgesehene Gehzeit 2:30 Stunden, Realzeit 2:45 Stunden

War gestern noch strahlender Sonnenschein und Traumwetter, ist heute alles grau. Die Berge sind wolkenverhangen und es nieselt. Ich merke schon nach zehn Minuten wandern, dass ich fast gar nicht mehr laufen kann. Es rächt sich jetzt endgültig, dass wir keinen Ruhetag eingelegt ha-

Ein völlig anderes Bild als tags zuvor: Das Karwendel zeigt seine unwirtliche Seite. Halbrechts auf dem Berg steht die Falkenhütte, links zieht sich der Weg in Richtung Eng.

ben. Die rechte Achillessehne schmerzt bei jedem Schritt so sehr, dass ich nur noch humpelnd vorankomme. Also schlüpfe ich in die Teva-Sandalen, auch wenn ich in ihnen nicht viel Halt habe. Allerdings beginnt es wenig später richtig zu regnen, sodass ich wieder in die Wanderschuhe muss. Es wird sehr schnell klar, dass ich es nicht bis zur Lamsenjochhütte schaffen werde und wir eine Zwischenübernachtung in der Eng einlegen müssen. Die knapp drei Stunden sind grausam, aber irgendwann sind wir dann doch da.

Die Eng ist ein altes Bergdorf, das liebevoll hergerichtet wurde und nun hemmungslos vermarktet wird. In einem sehr touristischen Dorfladen werden Produkte aus der Umgebung, unter anderem der eigenen Käserei, angeboten, aber auch Kuhglocken in jeder Größe, Eng-T-Shirts und Hunderte anderer Berg-Souvenirs, die man nun wirklich gar nicht braucht. Essen gibt es in einer modernen Gaststätte mit Selbstbedienungs- und normalem Restaurant. Um keine Missverständnisse aufkommen zu lassen: Es ist schön hier am Großen Ahornboden, die schnuckeligen Holzhäuschen, meist ehemalige Ställe, in denen wir sehr günstig übernachten, haben viel eigenen Charme und der Ort ist außerdem autofrei. Nur ist alles zu sehr durchorganisiert, die Eng wirkt ein bisschen zu putzig und, obwohl alles so urig ist, fast unecht.

Zum Abschluss des Tages wird die ohnehin etwas unwirkliche Atmosphäre fast noch kitschig. Vor einem Häuschen sitzen zwei Frauen, spielen auf der Gitarre und singen dazu. Nachdem wir uns versichert haben, dass das keine Animateure, sondern echte Einheimische sind, die einfach gerne Volksmusik spielen, hören wir gerne zu. Ein paar schlicht-schöne Lieder als versöhnlicher Abschluss eines Tages, der getrost als der bisherige Tiefpunkt abgehakt werden kann.

9. Wandertag: Sensationelles Karwendel
Eng – Wattens (17 Kilometer bis Schwaz, dann Zugfahrt)

Vorgesehene Gehzeit bis zur Lamsenjochhütte 2:30 Stunden,
Realzeit 3 Stunden, weitere 4 Stunden nach Schwaz

Der halbe Ruhetag hat gutgetan. Trotzdem laufe ich zunächst in den Sandalen weiter. Es geht von der Eng aus auf einem Forstweg erst durch einen Wald, dann über vom Morgentau noch feuchte Wiesen knackig nach oben bis zur Binsalm. Nach knapp einer allerdings recht anstrengenden Stunde haben wir die 300 Höhenmeter geschafft. Bestens gelaunt, da es endlich wieder zügig vorwärtsgeht. Auch die Kinder sind begeistert von der immer spektakuläreren Karwendel-Kulisse. Sanfte, ausladende Almwiesen bestimmen den Vordergrund, dahinter reckt sich das schroff-graue

Vor solch einer spektakulären Kulisse ist ein Familienfoto Pflicht.

Karwendelgestein in die Höhe und hin und wieder passieren wir einen kleinen Tümpel, um den Schmetterlinge flattern.
Stetig geht es weiter hinauf. Auf einem schmalen Grat kurz vor der Lamsenjochhütte ist eine kurze Rast nicht nur aus konditionellen Gründen ein Muss. Der Blick ist überwältigend. Wir sehen hinunter in die Eng und staunen, wie flott wir die mittlerweile insgesamt 750 Höhenmeter geschafft haben, blicken links hinüber in Richtung Falkenhütte und

Von München zum Inntal

rechts zu einer Anhöhe, auf der die Lamsenjochhütte mit ihrer sonnen-überfluteten Holzterrasse steht. Ein heimeliger Fleck inmitten einer steinernen Landschaft auf 1953 Metern.

Bis zu einem kühlen Getränk steht auf dieser Etappe allerdings noch ein gut halbstündiger Marsch zwischen Grat und Hütte an. Auf dem schmalen Wegelchen eröffnet sich nach links erneut ein imposanter Blick hinunter ins Tal. Im Zickzack klettert der schweißtreibende Adlerweg von der Gramaialm spektakulär hinauf in Richtung Lamsenjochhütte. Von dort aus wäre es möglich, noch einmal 500 Höhenmeter hinauf auf die Lamsenspitze zu wandern. Vielleicht beim nächsten Mal. Heute geht es nach einer schnellen Brotzeit schnell abwärts in Richtung Inntal.

Das **Inntal** ist ein Gletschertal. Dies belegt die U-Form des Tales, durch das heute der Inn fließt, mit seinen steilen Flanken. Es beginnt im schweizerischen Kanton Graubünden, prägt den Großraum und die Stadt Innsbruck und tritt bei Fischbach aus den Alpen heraus. Das Inntal trennt das Karwendel von den Tuxer Alpen.

Gerne verlassen wir das Karwendel nicht. Die letzten Tage waren einfach zu schön, als dass wir leichten Herzens wieder hinab in die »Zivilisation« steigen würden. Gute vier Stunden laufen wir nach unten, unsere Füße und Gelenke sind davon überhaupt nicht begeistert. Sibylle stechen plötzlich die Zehen so intensiv, dass sie die Wanderschuhe gegen Sandalen tauscht, Felix bekommt erstmals eine Blase, von meinen Achillessehnen ganz zu schweigen. Für die Kinder ist der Weg trotzdem fesselnd. Was jedoch nicht an der Landschaft liegt, sondern an den zahlreichen Gedenktafeln, die am Wegesrand stehen und an die Opfer von Bergunfällen oder Blitzschlägen erinnern.

Plötzlich öffnet sich der Blick in das Inntal. Das ist nun wirklich beeindruckend, da uns jetzt noch deutlicher vor Augen geführt wird, welche Strecke wir bereits bewältigt haben. Erst entlang der Isar, dann über das Brauneck, danach durch das Karwendel. Und jetzt stehen wir bereits vor der nächsten Gebirgskette, den Tuxer Alpen.

Die allerdings werden in diesem Jahr ein Traum bleiben. Wir werden nicht wie vorgesehen ins Pustertal kommen und müssen in Wattens abbrechen.

9. Wandertag · Eng – Wattens

Die gute Stunde Teerstraße vor dem Bahnhof in Schwaz gibt meiner Achillessehne den Rest. Da ich nun auch in den Sandalen nur noch humple, weigert sich Sibylle weiterzugehen. Sie fürchtet, dass die Sehne reißen könnte, erst recht, nachdem unsere Zimmerwirtin in dramatischen Worten und sehr anschaulich erklärt, dass das Gleiche im vergangenen Jahr ihrem Mann passiert ist. Ich bin völlig am Boden: Ich fürchte, dass die Jungs nach diesen Anstrengungen im nächsten Jahr nicht mehr weiterwollen.

Trotzdem lächeln: Der Abbruch des ersten Wanderabschnitts tut ein bisschen weh.

Wir sitzen zu viert in der Dämmerung auf einer Wiese, sehen hinab in das Inntal, in dem so langsam die Lichter angehen. Plötzlich legen Lukas und Felix ihre Arme um mich und schauen ihren traurigen Papa an. »Im nächsten Jahr«, sagen sie mit leuchtenden Augen, »laufen wir weiter.«

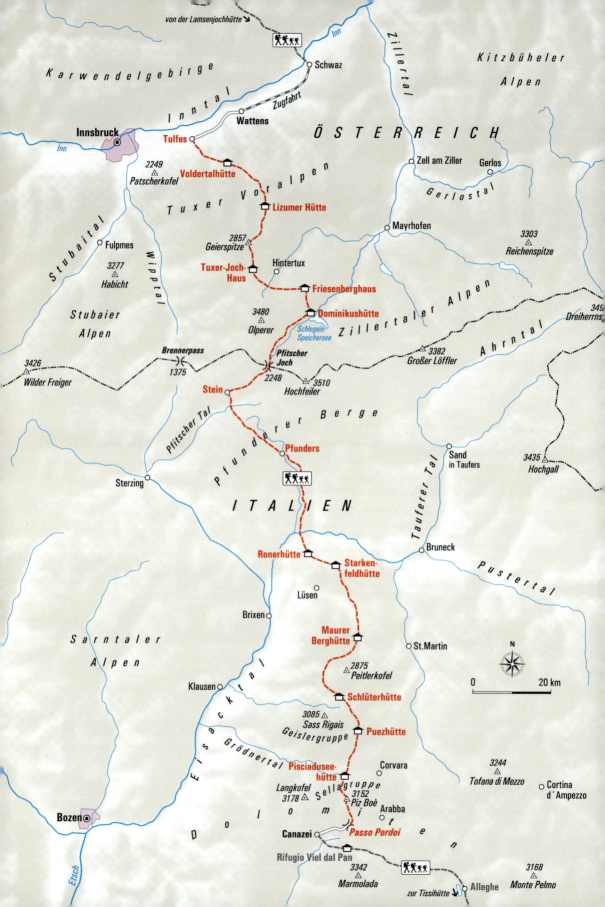

Vom Inntal in die Dolomiten

10. Wandertag: Der Alpenhauptkamm
Tulfes – Voldertalhütte (7 Kilometer)

Vorgesehene Gehzeit und Realzeit 3 Stunden

Ich könnte wie ein kleiner Junge vor Freude und Aufregung hüpfen, nicht losgehen oder -wandern, sondern rennen. Ein Jahr ist vergangen und jetzt geht es endlich wieder los. Der zweite Teil des Weitwanderweges von München nach Venedig steht an, in den nächsten beiden Wochen wollen wir es bis zum Passo Pordoi schaffen und dann im nächsten Jahr den Rest gehen. Rennen werde ich aber trotzdem nicht. Diesmal sind zwar die Achillessehnen bereit für jede Belastung, dafür habe ich mir vor knapp fünf Wochen einen dreifachen Bänderriss am rechten Knöchel zugezogen. Das Ende aller Alpenüberquerungs-Träume? Vielleicht, aber probieren werde ich es trotzdem. Auch auf die Gefahr hin, dass wir schon nach den ersten Wandertagen abbrechen müssen. Ein Jahr hatte ich mich auf diese Wanderung gefreut, deshalb werde ich jetzt nicht aufgeben, ohne es überhaupt versucht zu haben. War ohnehin schon peinlich genug, dass der Herr Sportredakteur beim Fußballspielen nach einem nicht allzu heftigen Foul des inzwischen elfjährigen Lukas einen Bänderriss erlitt. Im ersten Moment sah die Verletzung fürchterlich aus und Lukas weinte so bitterlich, dass zunächst ich ihn trösten musste und nicht umgekehrt. Allerdings meinte mein Orthopäde, eine bekannt robuste Natur, schon gut eine Stunde nach dem Malheur, dass unserer Wanderung nichts im Wege stünde: »Du kriegst eine Stützbandage und dann geht das schon.« Ich sah mir meinen blauen Knöchel an und blieb skeptisch.

Doch jetzt halten die Bänder dank der festen Bandage wieder. Wie ein Korsett für den Fuß sieht das schmutzigweiße Stoffteil mit den rechts und links eingearbeiteten Plastikschienen aus. Die sollen den Fuß stabi-

Vom Inntal in die Dolomiten

lisieren. Auch der Sohlenbereich ist aus einer mit Plastik beschichteten Stoffschicht gearbeitet. Ich will mir jetzt gar nicht vorstellen, wie die Kombination aus Fuß, Plastik, Wandersocke und Fußbalsam nach einem Wandertag riechen wird. Egal, Hauptsache, es geht los.

Wir starten im Inntal, da, wo wir vor einem Jahr abgebrochen haben, und nehmen die relativ unbekannte Wegvariante von Tulfes über die Voldertalhütte. Die Hütte ist von der Talstation der Glungezer Bergbahn, wo man gegen den Kauf eines Bergbahntickets auch sein Auto und den Wohnwagen zwei Wochen stehen lassen kann, in gut drei Stunden zu erreichen. Das ist ideal zum Einlaufen nach einem Jahr Pause.

Felix freut sich: Es geht wieder los.

Immer geradeaus, aber konsequent aufwärts geht es den zunächst geteerten Weg entlang. Von links eilt eine Ziegenherde heran, die gierig darauf lauert, von den Kindern gefüttert zu werden, rechts grasen Kühe. Keine Viertelstunde sind wir gegangen und befinden uns schon wieder mittendrin in dieser herrlichen Bergwelt, in der die Uhren ein paar wohltuende Takte langsamer ticken. Ich versuche, gemächlicher zu gehen, ruhig zu werden, den Alltag abzustreifen. Ganz bewusst schaue ich mir die Blumen am Wegesrand an, bewundere die Aussicht auf das Karwendel und blicke erwartungsvoll nach vorne.

Der Alpenhauptkamm, den wir in den nächsten Tagen gehen werden, reizt mich ungemein. Die Kinder sind hingegen vor allem am Moment interessiert. Sie freuen sich über jeden Pilz und besonders schönen Farn. Was morgen kommt, interessiert sie heute noch herzlich wenig. Felix findet alle paar Meter irgendetwas Faszinierendes. »Schnell, kommt her, das ist ja Wahnsinn.« Er winkt aufgeregt. Eilig gehen wir die paar Schritte zu-

10. Wandertag · Tulfes – Voldertalhütte

rück und bewundern mit ihm – eine tote Maus. Diese Sensation hatten wir doch tatsächlich übersehen. Amüsant vor allem, dass wir »schnell« zurückkommen sollten.

Ein wenig überraschend erklärt Lukas nun, nachdem er gerade noch sichtlich ausgelassen war: »Ich freue mich schon sooo auf den Urlaub«. Meinen Einwand, auch das hier wäre Urlaub, wischt er mit einem genervten Augenrollen beiseite: »Richtiger Urlaub, das ist Baden in Kroatien. Zum Wandern muss ich mit.« Ich verweise darauf, dass er mir vor zwei Tagen noch im Vertrauen das Gegenteil gesteckt hatte. »Eigentlich gebe ich es ja ungern zu. Aber ein bisschen freue ich mich schon auf das Wandern«, zitiere ich ihn. Worauf das Gespräch für ihn mit einem lockeren hingeworfenen »Jaja« beendet ist. 1:0 für Papa. Ich freue mich (heimlich).

Der Weg führt uns zu einem schmucken kleinen Holzkirchlein beim Gasthof Windegg, das auf einem sanften Hügel steht und einen unverbauten Blick ins Inntal gewährt. Wir zünden in der Kirche eine Kerze an, in der Hoffnung auf gute und vor allem unfallfreie zwei Wochen im Hochgebirge. Im Nachhinein mag man fast glauben, es hätte geholfen.

Gute 440 Höhenmeter geht es anschließend nach oben. Das ist nach einem Jahr Wanderpause durchaus anstrengend. Außerdem wird mein lädierter Knöchel dick, was ich aber für mich behalte, schließlich will ich keine panischen Reaktionen bei Sibylle provozieren. So kommt die Stiftl-Alm gerade recht. Völlig abgeschieden von der Welt, scheint auf diesem kleinen Hof irgendwann die

Ein gemächlicher Auftakt ist die Wanderung durch das Voldertal.

Zeit stehen geblieben zu sein. Dabei ist das Anwesen nur gute zweieinhalb Wanderstunden vom Inntal entfernt. Ein verwittertes Schild hängt

Vom Inntal in die Dolomiten

fast ein bisschen verschämt an einem Balken, es gibt »frische Milch«. 70 Cent kostet das Glas und Felix´ Augen glänzen: »Das ist die beste Milch, die ich je getrunken habe.« Lukas ist so begeistert, dass er sogar noch ein zweites Glas bestellt. Noch köstlicher als die Milch ist allerdings der hausgemachte Mirabellenkuchen. Ein luftiger Teig, darin eingebettet die golden glänzenden Früchte, zärtlich bestäubt mit einem Hauch Puderzucker. Schon zu Hause fällt es mir schwer, an einer Bäckerei vorbeizugehen. Hier kann ich erst recht nicht widerstehen und schlage gleich zweimal zu.

Kurz nach der Alm taucht die hinter einem Holzzaun und einem Hügelchen versteckt liegende Voldertalhütte auf. Ein klarer Gebirgsbach strebt links von dem Gebäude zügig dem Inntal zu, eine kleine Holzterrasse vor der Gaststätte lockt zum Verweilen und die Wirtsleute begrüßen uns freundlich. Das Vierbettzimmer im ersten Stock ist holzvertäfelt und sehr gemütlich, draußen rauscht der Bach und von unten sind dumpf die Gespräche aus dem Gastraum zu vernehmen.

Die Kinder sind vom »Abenteuerspielplatz Berghütte« begeistert und toben draußen herum. Sie haben die glänzende Idee, das Bächlein, das entlang dem geschotterten Fahr- und Waldweg plätschert, auf den Weg umzuleiten. »Schaut mal«, freuen sie sich. Die Augen glänzen ob der wunderbaren Überschwemmung, die den Weg langsam aufweicht und an den Rändern beginnt, ihn in einen Morast zu verwandeln. Gut, dass niemand in der Nähe ist, sie hätten sonst sicherlich einen kernigen österreichischen Anpfiff verpasst bekommen. Unter traurigen Kinderblicken führen wir das Bächlein schnell wieder in seinen angestammten Lauf zurück, das ganze schöne Chaos wird wieder zu einem »langweiligen« Fahrweg.

Ich bin todmüde, was aber weniger auf das Laufen als auf den Stress der vergangenen Tage vor dem Aufbruch zurückzuführen ist. Doch der löst sich jetzt, wir sitzen in der Wirtsstube und genießen nach einem Jahr Pause unsere erste Berghüttenbrotzeit. Lange dauert dieser Abend trotzdem nicht, wir kriechen schon bald in unsere Stockbetten. Schließlich steht morgen die erste längere Etappe an.

11. Wandertag: Seejungfrauen und Backerbsen
Voldertalhütte – Lizumer Hütte (19 Kilometer)

Vorgesehene Gehzeit 5 Stunden, Realzeit 7:40 Stunden

Es ist nicht zu glauben. Wir stehen auf und haben keinen Muskelkater. Nach den Erfahrungen des vergangenen Jahres hatte uns Fürchterliches geschwant. Dabei sind wir körperlich keineswegs viel besser vorbereitet. Es ist ganz einfach so, dass die tägliche Einnahme von zwei Rationen Magnesium das Schlimmste verhindert. Ein Tütchen morgens, eines abends – und wir gehen schmerzfrei. Na ja, fast. Das »fast« bezieht sich allerdings nicht auf die Füße – die machen keine Probleme –, sondern auf die Verdauung. Da ich besonders schmerzfrei sein will, übertreibe ich vielleicht ein wenig mit dem Magnesium. Ohne irgendeinem Mediziner vorgreifen zu wollen, behaupte ich nun ganz einfach, dass sich der Teil des Magnesiums, der sich nicht der Muskulatur widmet, in Gas verflüchtigt. Der Praxistest liefert den Beweis: Nach einigen Tagen schwebe ich fast den Gipfeln entgegen.

Trotz der ersten Steigung sind Sibylle und Felix noch bestens gelaunt.

Zunächst allerdings geht es noch ganz regulär den Berg hinauf. Nach dem ausgezeichneten Frühstück mit Käse, Speck und allem, was man sich sonst so wünscht, packen wir die Rucksäcke. Mit dabei einmal mehr

Vom Inntal in die Dolomiten

die beiden Stoffelefanten, die von den Jungs nach wie vor heiß geliebt werden. Die Luft ist klar und frisch, es duftet nach Wald und Pilzen. Um uns herum ragen die Berge so schroff in die Höhe, dass wir uns immer wieder fragen, wo hier eigentlich Wege nach oben führen sollen. Die Spannung auf die erste richtige Etappe steigt – doch es ist bereits 9:30 Uhr.

Daran bin auch ich nicht unschuldig. Unbedingt will ich den Kindern vor dem Losgehen noch die sehr ausführliche Sage vom Glungezer Riesen vorlesen, die auf einer Tafel steht. Schließlich wird die ganze Etappe für die Kinder dadurch viel spannender.

Einst soll gut eine Wanderstunde von hier ein Schloss an einem See gewesen sein, das von einem König und seinen vier wunderschönen Töchtern bewohnt wurde. Ein Riese wollte gerne eine der Prinzessinnen zur Frau haben, handelte sich aber nur Absagen ein. Wutentbrannt stapfte er hinauf auf den Berg, rollte und warf riesige Steinbrocken auf das Schloss und den See. Er tobte so lange, bis von Schloss und See nichts mehr zu sehen war und anstatt des Lachens der fröhlichen Mädchen nur noch tödliche Stille im Tal herrschte. Lediglich ein kleiner Tümpel, Schwarzbrunn genannt, und die riesigen Felsbrocken, die um ihn herumliegen, erinnern an den Riesen, der sich ob seiner bösen Tat so sehr grämte, dass er sich in einen Zwerg verwandelte. Die toten Mädchen dagegen steigen noch heute nachts als Seejungfrauen aus dem Tümpel auf und schweben bei Vollmond in lichten Gewändern über dem Wasser. Am Ufer sitzt dann ein Zwerg. Er streckt die Hände aus, erreicht die Mädchen nicht und stürzt sich klagend in die Fluten.

Gerade unser neunjähriger Felix betrachtet nach dieser Geschichte das schaurig-schöne Fleckchen mit ganz anderen Augen und versucht, irgendwelche Details aus der Sage in dem idyllischen Talgrund wiederzufinden.

Nachdem der Weg bisher zwar immer leicht nach oben führte, aber alles andere als anstrengend war, wird es nun ein wenig steiler. Vor allem aber enger, da sich nach Schwarzbrunn nur noch ein schmaler Trampelpfad durch dichtes Gebüsch eng am Volderbach entlang nach oben

11. Wandertag · Voldertalhütte – Lizumer Hütte

schlängelt. Wunderschön zwar, aber erstmals kullern uns die Schweißperlen von der Stirn. Wir benötigen etliche Pausen und Lukas behauptet gut zwei Stunden nach dem opulenten Frühstück, bohrenden Hunger zu haben, was erstens Quatsch ist und zweitens sicher keine Essenspause zur Folge haben wird. Ich sehe nicht ein, jetzt schon die Brotzeit auszupacken und dann mit vollem Magen auf das Naviser Jöchl zu steigen. Das ist so schon anstrengend genug. Als wir gegen 13 Uhr noch immer nicht ganz oben sind, wird er ungehalten: »Ich will jetzt essen.« Jetzt werde auch ich grantig. Er weigert sich trotz angeblich größten Hungers standhaft, einen Müsliriegel auch nur anzusehen, ich dagegen weigere mich schweißüberströmt, kurz vor dem Gipfel die komplette Brotzeit auszupacken. »Weißt du was? Du bekommst jetzt deine Brote, machst hier Pause und läufst uns dann nach«, fauche ich: »Wir warten oben!« Beleidigt stapft er weiter. Ich auch.

Angaben für Bergprofis: Eine Familie braucht wesentlich mehr Zeit.

Die letzte halbe Stunde zum Naviser Jöchl ist wirklich hart. Wir sind die Höhe, die Anstrengung und die Rucksäcke noch nicht gewöhnt und daher klitschnass geschwitzt, als wir auf dem windumtosten Jöchl stehen. Also wieder nichts mit Brotzeit. Zumindest ein paar Sekunden nehmen wir uns trotz des Windes Zeit, die Aussicht zu bewundern. Das Panorama ist eindrucksvoll. Hinter uns liegt das imposante Karwendel, vor uns die faszinierende Gletscherwelt des Alpenhauptkammes. Erstmals sehen wir zumindest so ungefähr, wo wir noch hinwollen. Kaum vorstellbar, dass das gehen soll.
Obwohl es eiskalt ist, bestehen die Kinder darauf, noch einen kurzen

Vom Inntal in die Dolomiten

Auf der Lizumer Hütte: Die untergehende Sonne taucht die Berge in ein unwirkliches Licht.

Moment auf dem Jöchl zu bleiben. In aller Seelenruhe schreiben sie negative Kommentare über diesen »total blöden« Wandertag ins altehrwürdige Gipfelbuch und freuen sich diebisch darüber.

Mit dem Naviser Jöchl ist der höchste Punkt und damit die größte Schwierigkeit dieses Tages bereits geschafft. Wir sind jetzt auf 2479 Metern, haben in diesen eineinhalb Tagen also gut 1500 Höhenmeter bewältigt. Ab sofort geht es nur noch flach oder nach unten in Richtung Lizumer Hütte.

11. Wandertag · Voldertalhütte – Lizumer Hütte

Nun aber wirklich ausgehungert, fallen wir in der rauen, aber windstillen Gesteinswüste kurz nach dem Gipfel über unsere Schinken-Käse-Brote her und erkennen schnell, dass wir zu wenig eingepackt haben. Gut, dass ich unbemerkt von Sibylle, die sicher aus Gewichtsgründen protestiert hätte, noch einen Zehnerpack Knoppers ins Gepäck geschmuggelt habe.

Die Lizumer Hütte, die wir nach insgesamt gut siebeneinhalb Stunden erreichen, ist trotz der Renovierung ein Schmuckstück. Ein sehr gelungener, moderner Anbau mit Kletterwand begeistert die Kinder, die sofort ein paar Griffe ausprobieren. Vor der Hütte spiegeln sich die Berge in einem romantischen kleinen See und in der Hütte ist sogar die alte, hölzerne Wirtsstube beim Umbau erhalten geblieben. Was, bitte schön, will man nach einem Wandertag noch mehr? Na ja, vielleicht ein gemütliches und sauberes Zimmer und ein anständiges Abendessen! Kein Problem für die freundlichen Wirtsleute. Wir erhalten unser vorreserviertes Vierbettzimmer, das klein, aber heimelig ist und wirklich keine Berghütten-Wünsche offen lässt. Was auch für das Abendessen gilt. Die Hirtenmakkaroni schmecken wunderbar, außerdem probiere ich eine Backerbsensuppe, die ebenfalls sehr gut ist. Niemals würde es mir im Tal einfallen, Backerbsen zu essen. Hier oben, auf dem Berg, ist irgendwie alles anders.

Was auch für die Zeit nach dem Abendessen gilt. Überall sitzen Wanderer, haben ihre München-Venedig-Führer vor sich liegen, die Unterhaltungen sind gedämpft. Viele schreiben ausführlich in ihre Tagebücher und abgesehen vom Ziel Venedig haben sie vor allem eines gemeinsam: Sie gehen früh ins Bett.

12. Wandertag: Dem Gletscher entgegen
Lizumer Hütte – Tuxer-Joch-Haus (11 Kilometer)

Vorgesehene Gehzeit 7 Stunden, Realzeit 8:40 Stunden

Es dürfte anstrengend werden. Die zwölfte Etappe ist eine der wenigen, die nach dem Originalweg von Ludwig Graßler ohne Unterbrechung durchlaufen werden müssen, da es weder Übernachtungs- noch Verpflegungsmöglichkeiten auf der Strecke gibt. Sie ist zwar nur elf Kilometer lang, weist dafür aber gut 2000 Höhenmeter auf. Es gilt außerdem, möglichst früh aufzubrechen, da uns auch im Falle von Unwettern nichts anderes übrig bliebe, als weiterzugehen. Doch von schlechtem Wetter ist an diesem Morgen nichts zu sehen. Um 6:30 Uhr begrüßt uns nicht nur der ungeliebte Wecker, sondern auch ein

Schnell füllen wir noch einmal die Flaschen mit frischem Brunnenwasser: Erst mittags bekommen wir wieder Trinkwasser.

strahlend blauer Himmel. Anders als auf der Falkenhütte, wo das Frühstück mehr an Manöverrationen bei der Bundeswehr erinnerte, bringen uns die Wirtsleute sogar ungefragt noch ein paar Scheiben Brot, damit wir etwas für unterwegs einpacken können. Sehr nett und durchaus ein Extra-Trinkgeld wert.

Als wir aufbrechen, ist es dann doch 8:15 Uhr und der Wirt geht mit vor die Hütte, um uns die am wenigsten anstrengende Wegvariante nach oben zu zeigen. Die erste halbe Stunde ist relativ harmlos, dann aber geht es bei nun schon großer Wärme so richtig nach oben. 750 Höhen-

12. Wandertag · Lizumer Hütte – Tuxer-Joch-Haus

meter sind in den ersten zweieinhalb Stunden zu bewältigen. Es ist schlichtweg eine Quälerei, sich durch die Geröllfelder aus Schiefergestein Schritt für Schritt nach oben zu stemmen. Lukas kann noch ganz gut folgen, aber Sibylle tut sich schwer. Sie hat einen knallroten Kopf, der Schweiß läuft ihr übers Gesicht und alle paar Meter hält sie an, um zu verschnaufen. Ein Wunder ist das nicht, schließlich dürften wir inzwischen auf knapp 2500 Metern sein und da wird die Luft einfach dünner. Felix scheint gar nicht mehr nachzukommen, hängt mal 20, mal 30 Meter hinterher, hat aber immerhin noch so viel Reserven, dass er, nachdem ich auf ihn warte, versucht, mich ausgerechnet jetzt in eine Grundsatzdiskussion über das Wandern zu verstricken. »Warum tut ihr uns das eigentlich an?«, will er wissen: »Ich kann einfach nicht verstehen, was es für einen Sinn macht zu wandern.« Da im Moment auch ich den Reiz des Wanderns nicht so recht erklären kann, gehen wir schweigend weiter.

Dann sind die Jungs plötzlich doch begeistert. »Schaut mal, Schnee«, ruft Lukas völlig perplex. Ein Altschneefeld von gut 20 Metern Länge hat sich in einer Kuhle erhalten. Jetzt muss eine Schneeballschlacht her. Wann sonst hat man im August dazu die Möglichkeit? »Was ist denn das?«, fragt Felix. Er hat eine fast einen halben Meter lange, zerfetzte Granate gefunden. Immerhin ist das hier Übungsgebiet des Österreichischen Bundesheeres. »Die nehme ich mit«, strahlt er. Das geht nun wirklich nicht. »Tut mir leid, aber die ist viel zu schwer«, versuche ich ihn zu überzeugen und zu meiner Überraschung sieht er das sogar ein.

Weit weniger sensationell als der Schnee ist die Steigung, die sich endlos zieht. Nur noch ein paar Meter, meint man, aber dann taucht immer noch eine Kuppe in der Ferne auf. Irgendwann glauben wir, gar nicht mehr anzukommen. Lukas läuft nun schon eine Zeit lang voraus, dann ein Jubelschrei, er ist oben. Der Ausblick auf dem Pluderlingsattel ist überwältigend. »Mann, ist das schön«, sagt ausgerechnet Felix, der kurz vorher noch so sehr geschimpft hatte. Vor uns liegt der Tuxer Hauptkamm mit dem ewigen Eis des Hintertuxer Gletschers, links davon die Hohen Tauern und rechts die Ötztaler Gletscherberge. Als wäre das

Vom Inntal in die Dolomiten

nicht schon genug der überwältigenden Eindrücke, funkelt direkt unter uns, aber 200 Meter tiefer, der smaragdgrüne Junssee. Ein Anblick, von dem sich auch die Kinder kaum noch losreißen können.

Rechts vom Sattel kämpfen zwei Frauen verbissen darum, nach dem anstrengenden Aufstieg nun auch noch die Geierspitze zu bezwingen. Weitere 100 Höhenmeter sind das, wir verzichten. Wir hatten die beiden Freundinnen bereits auf der Lizumer Hütte getroffen. Heute Morgen hatten sie allerdings nicht die vom Hüttenwirt als schonend deklarierte Variante gewählt, an der wir fast verzweifelt wären, sondern die etwas härtere direkt den Berg hinauf. Umso beachtlicher, dass es jetzt die Geierspitze auch noch sein muss. Die blonde, großgewachsene Marina und die bewundernswert zähe Uta, die diese Wanderung trotz einer erst kürzlich durchgeführten Knieoperation wagt, wurden von unseren Jungs nach einem kurzen Gespräch sofort ins Herz geschlossen. Das lag nicht nur daran, dass sie die Burschen für ihre Ausdauer so sehr lobten, sondern auch daran, dass die beiden wirklich nett sind.

Wegweiser auf dem Pluderlingsattel.

Während Uta und Marina sich also dem Gipfelkreuz nähern, schultern wir erneut unsere Rucksäcke. Der schräg nach unten führende Abstieg durch ein sehr lockeres Geröllfeld ist zwar etwas anstrengend, aber längst nicht so brisant wie zunächst befürchtet. Etwas Trittsicherheit und Konzentration ist nötig, doch wir sind schnell unten und laufen, noch etwas oberhalb des Sees, zügig auf die sogenannten Toten Böden zu. Die sind längst nicht so tot, wie der Name vermuten lässt. Ein munter plätschernder Bach zieht sich durch die mageren, von Steinen und Felsen durchbrochenen Wiesen. Genau der richtige Platz, um nach knapp dreieinhalb Stunden die Brotzeit auszupacken. Die Kinder hält es

12. Wandertag · Lizumer Hütte – Tuxer-Joch-Haus

Spektakulärer Blick auf zwei Wanderetappen. Rechts über dem Junssee verläuft der Weg in Richtung Hintertuxer Gletscher, den wir morgen links von den Schneefeldern passieren werden.

nicht lange. Lukas schnappt sich seinen Fußball und stellt sehr schnell fest, dass am Berg Techniker gefragt sind. Grobmotorisches Bolzen hat weite Wege bergab zur Folge, um den Ball wieder einzufangen. Irgendwann will er Felix den Ball nicht mehr geben, weil der Bergabschießen im Gegensatz zu ihm total lustig findet.

Weiter geht es, der Gschützspitzsattel steht an. Eigentlich hatten wir ja gehofft, dass der Sattel irgendwo anders, aber nicht unbedingt auf ausgerechnet diesem einen extrem hohen Bergrücken direkt vor uns liegen würde. Doch wir haben keine Alternative: Ganz klein sind ein paar Wanderer da oben zu sehen und dort müssen wir hin. Also wieder knapp 260 Höhenmeter nach oben. Wir schnaufen gewaltig, aber es geht. Oben angekommen, entschädigt erneut der Blick auf den nun sehr nahen Hintertuxer Gletscher für die Anstrengung. Ganz erstaunlich, wie schnell man zu Fuß vorankommt. Gestern hatten wir den Gletscher noch aus weiter Ferne gesehen, jetzt können wir bereits die Stützen der Liftanlagen und in gar nicht so weiter Entfernung unser Tagesziel, das Tuxer-Joch-Haus, erkennen.

Im Weitental erwartet die Kinder der für sie absolut spektakulärste Teil dieses Wandertages, der Schleierfall. Von hoch oben ergießt sich das Wasser über die Felsen nach unten an eine Steinwand, mündet in mehrere kleine Wannen und in einen Bach. Genau das Richtige an einem heißen Augusttag. Viele Tagesausflügler schauen irritiert, als wir die Badehosen auspacken, offensichtlich ist für sie längst noch keine Badetemperatur erreicht. Aber so verschwitzt und aufgeheizt, wie wir sind, gibt es jetzt nichts Herrlicheres, als sich unter dem Wasserfall abzukühlen. So eisig wie befürchtet ist das Wasser gar nicht, also spielen die Kinder noch eine Zeit lang im Bach, während wir uns eine gute Stunde in die Sonne legen. Wandern kann herrlich sein.

Hinunter ins Weitental: Sibylle freut sich schon auf eine Dusche im Wasserfall.

Einen Nachteil hat die Pause allerdings. Wir sind jetzt total schlapp und überhaupt nicht mehr dazu aufgelegt, noch weiterzugehen. Dabei ist der Weg breit und schön, nach der weitgehenden Einsamkeit der vorangegangenen Stunden begleiten uns nun gut gelaunte Tagesgäste auf den letzten Kilometern. Wir weichen Kuhfladen aus, klettern über Weidezäune und freuen uns, fast vor dem Ziel zu sein. Eine gute Stunde mit

12. Wandertag · Lizumer Hütte – Tuxer-Joch-Haus

300 Höhenmetern ist es vom Wasserfall bis zum Tuxer-Joch-Haus nur noch, aber es zieht sich so, dass ich mich irgendwann an den Satz erinnere, der dem legendären Berliner Theaterkritiker Friedrich Luft zugeschrieben wird: »Als ich nach einer Stunde auf die Uhr schaute, waren gerade einmal zehn Minuten vergangen.«

Es lohnt sich, beim Tuxer-Joch-Haus früh anzukommen. Die Terrasse wurde nachträglich zu einem Wintergarten umgebaut, sodass man windgeschützt in der Sonne sitzt, direkt auf den Gletscher blickt und auf den Bierbänken gemütlich einen Kaffee trinken, vorzüglichen Kuchen essen, lesen oder spielen kann.

Einige Mitwanderer, die wir bereits an der Lizumer Hütte gesehen hatten, kommen nun einer nach dem anderen an. Eigenartigerweise brechen an diesem Abend fast alle noch einmal zu einem Spaziergang auf.

Sogar wir. So recht erklären können wir uns das nach den achteinhalb Wanderstunden dieses Tages zwar nicht, aber irgendwie brauchen wir noch Bewegung. Sogar die Kinder gehen mit und vergnügen sich an einem Speichersee, in den sie Steine werfen. Vor allem Felix ist fit. Er springt und rennt, als hätte er sich den ganzen Tag nicht bewegt.

> Der **Hintertuxer Gletscher**, auch Tuxer Ferner genannt, ist ein gut vier Kilometer langer Gletscher in einem Nebental des Zillertales in Tirol. An seiner tiefsten Stelle ist das Eis 120 Meter dick. Da die Länge durch die Eisbewegungen jährlich bis zu 40 Meter variiert, müssen die Masten der Lifte des Ganzjahres-Skigebietes mehrmals im Jahr versetzt werden. An der höchsten Stelle reicht das Skigebiet bis auf 3250 Meter in den Sattel zwischen den Gefrorene-Wand-Spitzen hinauf.

Ein sehr ausgefüllter Wandertag neigt sich dem Ende zu. Hier in Hintertux, vor dem Alpenhauptkamm, wird dem Wanderer erst so richtig bewusst, auf was er sich tatsächlich eingelassen hat. Die Ehrfurcht vor den Bergen wächst – ebenso wie das eigene Selbstbewusstsein. Wer hier angekommen ist, der weiß, dass er den Traumpfad packen kann.

Vom Inntal in die Dolomiten

13. Wandertag: Moralischer Tiefpunkt
Tuxer-Joch-Haus – Friesenberghaus (9 Kilometer)

Vorgesehene Gehzeit 4:30 Stunden,
Realzeit (mit Rettungseinsatz) 8:50 Stunden

In der Nacht ereignet sich ein seltsamer Vorfall. Lukas hat einen Albtraum und schreit entsetzt: »Nein, Felix, er fällt«, und ich bin so schlaftrunken, dass ich panisch mit den Händen nach oben greife, um Felix vor dem Absturz zu retten. Alle sind wach. Na ja, fast alle. Das potenzielle Opfer liegt friedlich schlummernd und völlig absturzsicher neben mir auf seiner Matratze auf dem Boden.

Lukas ist »not amused«: Der lange Aufstieg zum Spannagelhaus wäre auch per Seilbahn möglich gewesen.

13. Wandertag · Tuxer-Joch-Haus – Friesenberghaus

Vor diesem 13. Wandertag haben wir gewaltigen Respekt. Immerhin steht die Friesenbergscharte, eine der drei Schlüsselstellen des Traumpfades, an. Die Birkkarspitze, die Friesenbergscharte und die steile Felswand der Schiara sind die schwierigsten Passagen der 554 Kilometer von München nach Venedig. Für die Friesenbergscharte haben wir eine kleine Klettersteigausrüstung für die Kinder und ein langes Seil mitgenommen. Wenn das Wetter hält, müsste also alles glatt laufen.

Das Spannagelhaus, das wir nach zweieinhalb Stunden erreichen, ist so gemütlich, das man eigentlich gar nicht weitergehen, sondern viel lieber einen relaxten Tag hier verbringen möchte. Mit viel Liebe für Details haben die Wirtsleute die holzvertäfelte Gaststube ausgestattet. Ein Kachelofen wärmt drinnen und draußen brät der Wirt herrlich duftendes Wammerl am Holzkohlegrill. Die größte Attraktion allerdings verbirgt sich tief unter der Berghütte. Die weit verzweigte Spannagelhöhle zieht sich zehn Kilometer lang unter dem Gletscher hindurch und hat etwas unterhalb der Hütte einen Eingang. Felix ist schon seit dem Start in München gespannt auf die Höhle und die Einkleidungsprozedur steigert seine Aufregung noch. Jeder Besucher erhält einen knallgelben Helm und einen Umhang. Felix geht der Mantel fast bis zum Boden, er sieht wie ein Zwerg aus. Durch ein rostiges Eisentor steigen wir in die Tiefe. Der Teil der Höhle, der begehbar ist, ist zwar nicht sonderlich groß, aber beeindruckend. Die kreisrunden Gletschermühlen, der Wassergang, enge Spalten oder das kleine Höhlenmuseum sind durchaus einen Besuch wert. Manche Passagen sind so eng, dass wir uns schräg und mit sanfter Gewalt zwischen den Steinwänden hindurchquetschen.

Die Spannagelhöhle unter dem Hintertuxer Gletscher ist nichts für Menschen mit Platzangst.

Die Kinder können sich kaum sattsehen, spähen in jeden noch so kleinen Gang und beobachten, wie das Gletscherwasser durch die Höhlendecke tropft. »Vor allem der Bärenkopf war toll«, meint Lukas, als wir nach der gut einstündigen Führung wieder an die Sonne kommen. Der skelettierte Schädel, der in einem kleinen Museumsraum ausgestellt ist, hat ihn ganz besonders beeindruckt.

Der Blick auf unseren weiteren Weg direkt nach dem Spannagelhaus ist geradezu grotesk. Wir sehen lediglich einen kurzen Trampelpfad, der in einer pflanzenlosen, kilometerlangen Steinwüste verschwindet und nie wieder aufzutauchen scheint. Es ist von hier aus allenfalls zu erahnen, wo exakt der Übergang an der Friesenbergscharte ist. Der Weg führt nur ein paar Minuten hinter dem Spannagelhaus über eine waghalsige Holzbrückenkonstruktion, unter der sich ein spektakulärer Wasserfall in die Tiefe stürzt. Es ist so laut, dass wir uns nur noch unter Brüllen verständigen können. Klares, jahrtausendealtes Gletscherwasser ist das und stammt von der sogenannten Gefrorenen Wand weit oben.

Problematisch erweist sich kurz darauf ein tosender Gletscherbach, der den Weg unterbricht. Wären wir zwei Erwachsenen allein, könnten wir einfach von Stein zu Stein steigen. Mit den Kindern ist das unmöglich, da die Schrittgröße der Jungs bei Weitem nicht ausreicht. Springen geht auch nicht, da die Kinder im Falle eines Fehltritts klatschnass, wahrscheinlich aber sogar von den Fluten mitgerissen würden. Der Bach ist immerhin gut fünf Meter breit und bahnt sich seinen Weg durch grobe Felsbrocken. »Da können wir unmöglich drüber«, sagt Sibylle. Wir müssen daher gut 15 Minuten absteigen, ehe wir einen geeigneten Übergang finden. Dann wagt sich Sibylle, während ich sie mit dem Seil halte, auf die andere Seite. Lukas ist aufgeregt und tastet sich dann, gesichert von Sibylle, über die Felsen nach drüben, Felix gibt sich lässig. Bald haben wir es alle geschafft und es kann weitergehen.

Vor uns ist nun auch die auf 2910 Meter Höhe liegende Friesenbergscharte zu sehen. Wir sind froh, allzu weit kann es jetzt nicht mehr sein. Noch durch ein kurzes Geröllfeld, über einen Gletscherrest und wir müssten dort sein. Rechts von uns gehen immer wieder Steinlawinen ab. Ein prasselndes und bedrohlich wirkendes Geräusch ist das und so charakteristisch, dass es sich sofort ins Gedächtnis einprägt. Es ist eine raue Gegend hier oben und wir sind inzwischen fast auf Wolkenhöhe.

13. Wandertag · Tuxer-Joch-Haus – Friesenberghaus

Der Blick von der Friesenbergscharte aus, den Tuxer Gletscher bereits im Rücken, ist überwältigend. Ein langer Abstieg zum tief unten am See liegenden Friesenberghaus steht bevor.

Wir müssen uns beeilen, auch wenn Felix ausgerechnet jetzt ein wenig zurückfällt. Trotzdem läuft er ohne jeden Zweifel, dass ihm die Kraft ausgehen könnte. Ich spekuliere sogar, dass es ihm Spaß macht. »Von wegen«, motzt er und schaut grimmig.

Hinter uns ziehen dicke Wolken und damit vielleicht schon das vom Hüttenwirt angekündigte Nachmittagsgewitter auf. Wir müssen unbedingt über die Friesenbergscharte, bevor es zu regnen beginnt. Die Stufen und Tritte der ohnehin schon als schwierig geltenden Passage könnten rutschig und damit gefährlich werden.

Der letzte Aufstieg bis zur Scharte ist kurz und unproblematisch. Lukas ist bereits oben und unterhält sich mit einem Wanderpärchen, das wir in der letzten Stunde langsam eingeholt haben. Es ist eng hier oben, eineinhalb Meter hinter der Scharte geht es Hunderte Meter nach unten, der

Vom Inntal in die Dolomiten

Wind pfeift eiskalt und der Platz reicht gerade für drei bis vier Personen. Das Pärchen ist aus diesem Grund bereits auf einem schmalen, steinigen Weglein, das sich links an den Felsen entlangquetscht, weitergegangen. Die Wolken kommen immer näher, wir müssen jetzt flott sein. Schließlich werden wir für den Abstieg gute zwei Stunden brauchen und ich habe keine Lust, einen Großteil im Gewitter zu gehen. Sibylle ist nicht zu sehen, sie ist auf der anderen Seite. »So schlimm ist es gar nicht, ich weiß nicht, ob wir das Seil brauchen«, ruft sie: »Hier sind überall Drahtseilsicherungen.« Ich krame trotzdem hektisch das Klettersteigset für die Kinder aus dem Rucksack. Auch Lukas ist im Moment nicht zu sehen.

Dann bricht das Chaos los. »Da vorne stürzt jemand ab«, schreit Felix entsetzt. Mir bleibt fast das Herz stehen, außerdem kann ich nichts sehen, da mir ein Fels den Blick versperrt. Ich versuche, trotzdem ruhig zu bleiben: »Bist du sicher?« – »Ja«, stammelt er und sein panischer Blick spricht Bände. »Ist es die Mama?«, frage ich. »Nein« – »Der Lukas?« – »Nein, Papa, der steht doch hier.« Ein Hauch von Entspannung. Dann sehe ich Lukas, der wie Felix den Sturz komplett mitverfolgt hat, an einem Felsen kauern. Sibylle wäre der Anblick beinahe erspart geblieben, aber Lukas hatte sie darauf aufmerksam gemacht. »Oh nein, da stürzt die Frau ab, nein, nein, die ist tot«, schrie er und Sibylle sah nun auch noch, wie eine Gestalt den steinigen, steilen Hang gut 100 Meter nach unten kullerte, sich mehrfach überschlug und dann aus dem Blickfeld verschwand. Danach herrscht völlige Stille.

Während Felix sich weinend und ängstlich an mich klammert, ist Lukas völlig hysterisch. Er will sofort umkehren, hat aber vor allem Panik, dass die Mama auch noch abstürzt. Sibylle schafft es kaum, ihn zu beruhigen, und muss kurzfristig sogar laut werden, damit er sich wieder ein wenig fängt. Und das in solch einer Situation.

Mir selbst kommt zugute, dass ich in Extremsituationen normalerweise erst im Nachhinein das große Flattern bekomme und zunächst ruhig bleibe. Ich zwinge die Kinder, die kaum wagen, ohne Handkontakt zum Felsen aufrecht zu stehen, trotzdem zügig die Klettergurte anzulegen und sich mit den Karabinern am Stahlseil einzuklinken. Mit einem Klet-

13. Wandertag · Tuxer-Joch-Haus – Friesenberghaus

terseil sind sie durch mich zusätzlich gesichert. Sibylle bekommt ebenfalls eine einfache Stolpersicherung. Ich versuche schon wegen der Kinder, so ruhig wie möglich zu bleiben.

Die immer dickeren Wolken sind mir jetzt egal, ich erkläre den Jungs in aller Ruhe, dass sie nicht nur einfach, sondern durch mich sogar doppelt gesichert sind und daher nicht einmal abstürzen könnten, wenn sie es darauf anlegen würden. Lukas mache ich mit einem Blick auf das herannahende Gewitter klar, dass wir zum einen sicher nicht zurück und damit direkt in das Gewitter gehen werden und dass wir vor allem der abgestürzten Frau helfen müssen. Es war genau die Frau, mit der er sich vor zehn Minuten noch so nett unterhalten hatte. Inzwischen ist auch ihr Freund wieder zu sehen, der viel weiter unten versucht, zu ihr zu kommen.

Sibylle, die etwas vorausgegangen ist, ruft mir zu, dass ich per Handy Hilfe rufen soll, da der Freund kein Netz hat. Also rufe ich im Friesenberghaus an.

Abstieg unter Schock und in steilem Gelände: Wir müssen so schnell wie möglich der Gestürzten helfen.

»Da mach ich gar nicht rum, ich hole den Hubschrauber«, sagt der Hüttenwirt und legt sofort wieder auf.

Ich muss jetzt die völlig aufgelösten Kinder vom Berg bringen. Ständig haben sie Angst, ich könnte auch noch stürzen, und mahnen mich panisch aufzupassen. Immer wieder muss ich sie dazu zwingen, sich auf die eigenen Schritte, nicht auf meine zu konzentrieren: »Ich komme schon zurecht, beeilt euch!« Ob der ganzen Panik kriechen wir dennoch im Schneckentempo die Scharte hinunter.

Sibylle ist schon weit voraus und versucht, zu der Verletzten zu kommen. Sie kann die blonde Frau jetzt sehen und registriert, dass Uta und Marina, die offensichtlich weit vor uns und schon fast am Friesenbergsee waren, wieder aufsteigen, um zu helfen. Die Kinder werden nach einer knappen halben Stunde auch wieder etwas sicherer und laufen selbstbewusster, auf jeden Fall ohne sich, wie zuvor noch, trotz Seil und Karabiner von Fels zu Fels zu hangeln.

Dann erreichen wir die Gestürzte. Sie hatte unglaubliches Glück. Ihr Rucksack hat sich in einer Seilsicherung verfangen, sonst wäre sie noch viel tiefer gefallen. So liegt sie jetzt, eingeklemmt zwischen einem Felsen und dem Seil, relativ gerade. Auf der Stirn ist zwar Blut zu sehen und die knapp 40-Jährige wirkt etwas matt, ist aber immerhin ansprechbar. Sibylle fühlt den Puls, er ist normal. Da sie leicht zu zittern beginnt, legt sie ihr noch eine zweite Rettungsdecke um. »Haben die Kinder meinen Absturz mit ansehen müssen?«, fragt die Niederländerin besorgt. Beachtlich, dass jemand nach solch einem Unfall an andere denkt. Sie erzählt, dass sie selbst zwei Kinder hat, die gerade mit ihrem Exmann in Hurghada Strandurlaub machen.

An den Sturz kann sie sich überhaupt nicht erinnern. »Ich weiß nur noch, dass ich gestolpert bin«, erzählt sie, »danach lag ich hier. Ich kann das nicht verstehen. Ich bin wirklich bergerfahren.« Ihr Freund steht unter Schock. »Ich habe hinter mir etwas gehört, habe mich umgedreht und nur noch gesehen, wie sie mit ihrem Rucksack kopfüber nach unten gestürzt ist.« Der Arme ist völlig erledigt und zittert. Vorsichtig streichelt er den Kopf seiner Freundin, während sie tapfer lächelt.

Ein roter Rettungshubschrauber kommt nun knatternd ins Tal geflogen und uns allen wird noch einmal bewusst, wie viel Glück die Holländerin nicht nur bei ihrem Sturz, sondern auch mit dem Wetter hatte. Wären die dicken Wolken nicht an der Friesenbergscharte hängen geblieben, hätte der Hubschrauber nicht in das Tal fliegen können. Die Bergrettung hätte in stundenlangem Fußmarsch zu ihr aufsteigen müssen.

Die Hubschrauberbesatzung sieht sich die Unfallstelle erst einmal aus der Luft an, erkennt, dass es in dem steilen Gelände keine Landemöglichkeit gibt, und fliegt hinunter zum Friesenberghaus. Dort steigen zwei Sanitäter in Sicherungsgurte, lassen sich, unter dem Hubschrauber hängend, zu uns fliegen und seilen sich etwas oberhalb ab. Staub und kleine Steinchen wir-

13. Wandertag · Tuxer-Joch-Haus – Friesenberghaus

beln herum, wir wenden die Köpfe nach unten und versuchen, die Gestürzte so gut wie möglich abzuschirmen. Gut, dass endlich professionelle
Hilfe da ist. Der Hubschrauber fliegt wieder zum Friesenberghaus, während die beiden Sanitäter ein paar Meter zu uns absteigen und die Holländerin kurz untersuchen. »Das Knie tut sehr weh«, meint sie, »und ich
habe ziemliche Kopfschmerzen.« – »Wir müssen sie auf die Trage um-
betten und dazu brauche ich euch«, sagt einer der Sanitäter zu mir und
den anderen. Sibylle und die Kinder sollen ein wenig unterhalb warten.
Der andere Sanitäter hat inzwischen eine Trage aufgeblasen. Uta, Marina,
der Holländer und ich sichern die Verletzte nach unten hin gegen einen
weiteren Absturz ab, während der Sanitäter sie aus ihrer verkeilten Lage
befreit. Er nimmt uns in die Pflicht: »Ihr Leben hängt davon ab, dass ihr
sie gut sichert.« Ich bin angespannt wie noch nie und halte die Gurte verbissen fest. Natürlich hat sie Schmerzen, als wir sie gemeinsam umlagern,
aber es scheint zumindest halbwegs erträglich zu sein.

Danach geht alles sehr schnell. Der Hubschrauber fliegt wieder heran, die
beiden Sanitäter hängen die Trage an das Seil. Einer der beiden kommt
gleich mit, der Zweite wird erst geholt, als die Holländerin unten am Friesenberghaus erneut umgelagert und im Hubschrauber untergebracht ist.
Dann stehen wir da, versuchen uns irgendwie zu sammeln, während der
Freund der Verletzten noch immer fassungslos in Richtung Tal schaut.
Wir kümmern uns, so gut es geht, um ihn. Immerhin müssen wir noch
gut eineinhalb Stunden absteigen, auch wenn es bald nicht mehr steil nach
unten, sondern nur noch über eine endlose Steinwüste geht. »Wir sind
gestern erst gestartet«, erzählt er, »und wollten eine Viertagestour machen.« Vermutlich war der schwere Rucksack der Auslöser für den Sturz.
Die beiden hatten jeweils gut 20 Kilo auf dem Rücken, was für eine
Hochgebirgstour extrem ist.

Der Abstieg zieht sich endlos hin. Die Kinder versuchen, die Ereignisse
irgendwie zu verarbeiten, und reden von nichts anderem mehr als dem
Absturz. Hubert Fritzenwallner, der Hüttenwirt, erwartet uns schon. Er
ist ganz aufgeregt, kümmert sich aber rührend um den Holländer und die
Kinder. Der Holländer muss unbedingt ein Bier trinken, auch wenn er das

85

gar nicht will, die Kinder bekommen Schokoriegel und Kristalle geschenkt und werden dadurch ein bisschen abgelenkt. Kurz darauf dröhnt noch ein Hubschrauber in dem Talkessel. Diesmal ist es die Polizei. Lukas und Felix sollen als Zeugen aussagen und ich, als Helfer, ebenfalls. Das Ganze geschieht in völliger Hektik und auf die Aussage des nervösen Lukas verzichten die beiden Polizisten dann doch. Schon nach fünf Minuten beginnen sich die Rotorblätter wieder zu drehen. Das befürchtete Gewitter kündigt sich nun an und die Polizisten haben es eilig. Schnell noch eine Umarmung mit dem Holländer, der nun bald bei seiner Freundin sein wird. Im Hubschrauber laufen ihm die Tränen hinunter, er winkt noch einmal, dann verschwindet er im immer dunkler werdenden Himmel.

Wir gehen zurück in die Wirtsstube. Draußen wird es nun kalt und ungemütlich, kurz danach bricht das lange erwartete Gewitter mit sintflutartigem Regen los. Eine Gruppe am Tisch gegenüber macht sich um den Vater Sorgen, der noch immer unterwegs ist. Wir werden doch nicht noch ein Drama erleben müssen an diesem Tag? Alle in der Hütte haben es mitbekommen. Unterschwellige Nervosität macht sich breit. Draußen wird es jetzt dunkel und die Sicht durch den dichten Regen beträgt keine 20 Meter mehr. Doch dann geht die Tür auf und ein klitschnasser Mann stapft herein. Die Anspannung löst sich. Noch einmal gut gegangen!

Auch der Wirt ist erleichtert: Die Holländerin war schon der zweite Hubschraubereinsatz an diesem Tag, »und damit reicht's mir auch«. An einem anderen Wanderweg hatte sich ein Deutscher eine Rippe gebrochen und musste aus dem Gelände geflogen werden. Danach kam der Sturz, den wir miterlebt hatten. »Wenn du da runterfällst, hast du normalerweise keine Chance, das zu überleben«, sagt Hubert und schüttelt den Kopf: »Allerdings war das auch der erste Absturz dort, seit ich die Hütte betreibe, also seit zwölf Jahren.«

Irgendwie sind wir alle ziemlich durcheinander. Sibylle hat keinen Appetit, die Kinder sind gedrückter Stimmung. Gut, dass Uta und Marina da sind. Gemeinsam können wir uns ein wenig ablenken und lernen uns jetzt erst so richtig kennen. Uta ist Dozentin an einer Uni in Bochum, Ma-

13. Wandertag · Tuxer-Joch-Haus – Friesenberghaus

rina Personalberaterin im Schwarzwald. Die beiden Frauen frischen mit der Tour nach Venedig ihre Jugendfreundschaft wieder auf. Schön, wenn man sich zu so etwas aufraffen kann.

Wir spielen gemeinsam Mau-Mau und ein paar Brettspiele, dann bringen wir die Kinder ins Bett. Es ist gut, heute ein Vierbettzimmer zu haben. Eigentlich war nur Lager reserviert, aber der Wirt hat es irgendwie möglich gemacht. Felix weint im Bett, er bekommt die Bilder nicht aus dem Kopf. Kurz darauf schläft er doch ein. Die Nacht ist unruhig. Die Kinder werden immer wieder von Albträumen geplagt, werfen sich hin und her und wachen ständig auf. Irgendwann schreit Lukas: »Ganz langsam gehen. Nur vorsichtig sein.« Da wir ohnehin kein Auge zumachen, nehme ich Felix in den Arm, Sibylle legt sich zu Lukas. Sofort werden die Kinder ruhiger und schlummern die restliche Nacht friedlich.

Ein mühsamer Versuch, zusammen mit Uta (links) und Marina beim Kartenspielen den Tag zu verarbeiten.

Irgendwann werde auch ich müde, nur Sibylle bleibt lange wach. Später schreibt sie in ihr Tagebuch: »Ich mache mir ziemliche Sorgen. Hoffentlich werden die Kinder nicht ewig an diesem furchtbaren Ereignis zu knabbern haben. Wie soll man jetzt weiterhin unbefangen wandern? Bekommt man nicht bei jedem kleinen Abhang Angst?« Und ich habe vor dem Einschlafen noch die Worte des Hüttenwirts im Ohr: »Ich glaube, die Sanitäter haben irgendetwas von inneren Verletzungen gesagt.«

14. Wandertag: Gute Nachrichten
Friesenberghaus – Dominikushütte (7 Kilometer)

Vorgesehene Gehzeit 2 Stunden, Realzeit 3 Stunden

Es herrscht eine schöne Atmosphäre im Friesenberghaus. Die Wirtsleute nehmen sich Zeit für ihre Gäste, die holzvertäfelte Gaststube ist heimelig und von der geschäftsmäßigen Betriebsamkeit vieler anderer gut frequentierter Hütten ist nichts zu spüren.

Das **Friesenberghaus** ist nicht nur aufgrund seiner exponierten Lage einzigartig, sondern auch geschichtlich bedeutsam. In den Jahren ab 1921 wurden die Schikanen für Juden im Alpenverein immer gravierender. So wurde 1924 die überwiegend jüdische Wiener Sektion Donauland aus dem Alpenverein ausgeschlossen.
Aus Protest gründete sich auch in Berlin außerhalb des Alpenvereins ein Verein der Bergfreunde. Dieser baute 1928–30 das Friesenberghaus und übergab die Hütte 1933 – unmittelbar vor der Zwangsauflösung durch die Nationalsozialisten – dem Wiener Verein Donauland. 1938 wurde das Friesenberghaus begschlagnahmt und von der Wehrmacht als Ausbildungsstätte genutzt. Nach dem Krieg erhielt die Sektion Donauland die Hütte zurück und übergab sie schließlich 1968 der Sektion Berlin. 2003 erhielt die Hütte eine Widmung als internationale Begegnungsstätte gegen Intoleranz und Hass.

Das Wetter spielt heute gar nicht mit. Zum ersten Mal auf diesem zweiten Abschnitt der Wanderung sind die Berge nebelverhangen und auf der Friesenbergscharte liegt sogar Schnee. Keine Chance also für alle nach uns kommenden Venedig-Wanderer, die Passage heute zu gehen.

Es beginnt zu regnen. Erst leicht, dann stärker. Wir wollen zwar eigentlich weiter auf die gut zwei Stunden entfernte Dominikushütte, doch bei diesem Wetter bleiben wir lieber noch ein wenig sitzen und schreiben Tagebuch. Die Kinder spielen Mensch ärgere dich nicht.

Als der Regen nachlässt und es wieder ein wenig heller wird, brechen wir gegen 12:30 Uhr auf. Erstmals auf dieser Wanderung setzen wir die Skimützen auf und freuen uns, dass wir die dicken Wollhandschuhe mitgenommen haben. Mit den kuschligen Fleecejacken wird es sogar fast gemütlich. Und das alles im Hochsommer, am 3. August.

Uta und Marina sind eisenhart und bereits vor einer Stunde im strö-

14. Wandertag · Friesenberghaus – Dominikushütte

menden Regen losgegangen. Sie wollen heute noch bis Stein kommen und werden in ein paar Stunden die österreichisch-italienische Grenze überschreiten. Ein Meilenstein auf dem Weg nach Venedig. Bedauerlich ist es schon, so nette Bekannte von einem Moment auf den anderen wieder aus den Augen zu verlieren. Aber so ist das eben beim Weitwandern. Jeder hat sein eigenes Tempo. Auf andere zu warten nervt nur, stört den eigenen Plan, macht also keinen Sinn.

Die Wolken werden immer weniger. Schade nur, dass die Sonne nicht durchbricht. Die Landschaft beim langen, aber sanften Abstieg zum Schlegeis-Speichersee ist überwältigend. Rechts von den Bergen stürzen Wasserfälle ins Tal und der Lapenkarbach schlängelt sich wunderschön über viele kleine Kaskaden und Becken kilometerweit den Berg hinunter. Wir sehen fette Murmeltiere, die von Deckung zu Deckung hetzen, hören Steinlawinen prasseln. Völlig begeistert sammeln die Kinder kleine Kristalle. Der Wirt im Friesenberghaus hat sie auf den Geschmack gebracht und jetzt wird jeder Stein, unter dem sie einen Kristall vermuten, gespannt umgedreht. Lukas hat inzwischen beide Taschen voll und seine Hose rutscht ob des Gewichts immer wieder ein Stück nach unten. Macht nichts, ich bin froh, dass die Jungs einigermaßen fröhlich sind. Auch wenn die Ausgelassenheit der letzten Tage fehlt.

Mit Skimütze und Handschuhen lassen wir im Nieselregen das Friesenberghaus hinter uns.

Wir sind nun schon relativ weit unten im Tal. Umso gewaltiger erscheinen die Bergmassive, die durch die Nebelschwaden immer wieder zu sehen sind. Eine völlig andere Landschaft jedenfalls als das Hochgebirge, in dem wir uns vor Kurzem noch befunden haben. Dann liegt der

Vom Inntal in die Dolomiten

Schlegeis-Speichersee vor uns. Er ist von links eingezwängt in hohe Felsformationen, rechts ragt der Hochfeiler mit seinen 3509 Metern nach oben und am hinteren Ende ist der Schlegeiskees, der Gletscher, der sich einst durch das Tal geschoben hat, zu sehen. Das Panorama ist fesselnd, trotz der schlechten Sicht.

Nach dieser relativ kurzen Tagesetappe beziehen wir unser Zimmer in der Dominikushütte. Die vier Betten mit ihren durchgelegenen Matratzen stehen in einer winzigen Dachkammer nebeneinander aufgereiht und in dem bisschen Wand, das ob der Dachschräge noch bleibt, lässt ein Mini-Fensterchen ein wenig Licht in den Raum. Die Toilette ist auf dem Gang, die Dusche unten im Keller. Außerdem wirkt der niedrige Eingang zu unserem Verschlag so provisorisch, dass wir ihn zunächst für die Tür zu einer Abstellkammer halten. Für knapp 80 Euro eine einzige Frechheit. Als ich mich beschwere und um vernünftige Matratzen bitte, ist die Wirtin grantig. Immerhin ist ihr Mann souverän, entschuldigt sich, erklärt, dass alle anderen Zimmer bereits belegt sind, und gewährt einen Preisnachlass.

Der Schlegeis-Speicher mit seiner gewaltigen Talsperre.

Eigentlich wollten wir den »freien Tag« damit nutzen, uns ein wenig in die Sonne zu legen, im Bett zu lesen oder Musik zu hören, halt einfach zu relaxen. Doch das Zimmer ist, ohne nennenswertes Fenster und lediglich mit einer Funzel von Glühbirne ausgestattet, selbst zum Lesen ungeeignet. Und der Nebel verzieht sich auch am späten Nachmittag nicht mehr. Bei einem kurzen Spaziergang über die Staumauer und am

14. Wandertag · Friesenberghaus – Dominikushütte

See entlang bläst ein eisiger Wind, die Feuchtigkeit und die Kälte fahren unangenehm in alle Glieder. So sitzen wir bald wieder bei einem heißen Kakao in der warmen Gaststube. Die Kinder bleiben noch draußen. Sie haben eine Mission. »Wir müssen die Kaulquappen retten«, sagt Felix ganz aufgeregt. In einem zweigeschossigen Brunnen haben sie ausgerechnet im oberen Becken Kaulquappen entdeckt und die werden jetzt ins untere Becken »gerettet«. Die Finger tun ihnen in dem eiskalten Wasser weh, es nieselt. Doch es geht um eine lebensrettende Maßnahme und die beiden sind völlig gefangen von ihrer Aufgabe.

Sibylle und ich schreiben Tagebuch, spielen mit den Froschsamaritern Karten, dann wird es nach einem sehr ruhigen Nachmittag langsam auch schon Zeit für das Abendessen. Anschließend geht Sibylle mit den Kindern in Richtung Zimmer. Ich bleibe noch, denn heute Abend habe auch ich noch eine Mission.

Die abgestürzte Holländerin geht mir nicht aus dem Kopf. Vor allem nach den Andeutungen des Hüttenwirts, sie könnte innere Verletzungen davongetragen haben. Auch bei den Kindern und Sibylle war das Absturz-Thema den ganzen Tag über immer wieder aufgetaucht. Es wird mir immer klarer, dass wir nicht mehr unbelastet weiterlaufen können, bevor wir nicht wissen, ob es der Holländerin gut geht. Sollten wir keine positiven Nachrichten erhalten können, ist diese Weitwanderung von der Stimmung her vorbei. Der Schock, das Entsetzen, den Sturz mit angesehen zu haben, sitzt bei Sibylle und den Kindern so tief, dass die Freude am Wandern momentan verloren gegangen ist. Sie laufen, um zu verarbeiten, nicht, weil es ihnen Spaß macht. Wandern als Krisenbewältigung also – plötzlich sind wir auf unserem persönlichen Jakobsweg. Dabei wollten wir einfach nur fröhlich durch die Berge gehen.

Allerdings fürchte ich den Anruf im Krankenhaus, laufe nervös auf der Terrasse hin und her, ringe mit mir, ob ich tatsächlich nachfragen soll. Sibylle und die Kinder wissen nichts von diesen Überlegungen, ich muss ganz allein und nur für mich entscheiden. Einerseits ist es keine Frage, dass ich meine Familie entlasten würde, falls es der Holländerin gut geht. Andererseits muss ich, falls ich erfahre, dass sie gestorben ist, dieses Wissen allein mit mir herumtragen. Ich würde weder Sibylle noch die Kinder jemals damit belasten. Letztlich beschließe ich, dass es eine Frage der Verantwortung ist. Ich wollte wandern, also muss ich auch dafür Sorge tragen, meiner Familie emotional über die Berge zu helfen.

Der Hüttenwirt sucht mir die Nummer des Krankenhauses in Innsbruck aus dem Telefonbuch. Ich schwitze, so nervös bin ich, und habe feuchte Hände. Der Mann am Empfang will keine Auskunft geben. »Sind Sie ein Verwandter?« Ich verneine. »Wie heißt sie?« Keine Ahnung. »Sie ist Holländerin. Gestern Nachmittag wurde sie mit dem Hubschrauber von der Friesenbergscharte gerettet.« Er macht mir klar, dass er mir weder den Namen sagen noch irgendeine andere Auskunft geben darf. Das klingt, als wollte er mir eine schlechte Nachricht verheimlichen. Meine Nerven sind zum Zerreißen gespannt. Ich schildere meine Situation und dass wir bei der Bergung mitgeholfen haben. Daraufhin gibt er nach. »Ich verbinde Sie auf die Station«, sagt er. Nach diesen Worten fehlt nicht viel, dass mir, im Stehen und mit dem Handy am Ohr, vor Erleichterung die Beinmuskulatur versagt. Damit sind meine schlimmsten Befürchtungen immerhin vom Tisch. Ich beginne, mich zu entspannen. »Sie hat kein Telefon«, sagt die Schwester. Macht nichts, ich juble trotzdem innerlich. »Aber wenn sie es kurz machen, kann ich das Diensttelefon weitergeben«, schlägt sie vor.

»Hallo«, höre ich eine schwache Stimme, »wer ist da?« Was für eine Freude, diese eigentlich unbekannte Frauenstimme zu hören. Sie klingt matt, kann aber offensichtlich problemlos telefonieren. »Du bist es, das ist ja schön, dass du anrufst«, sagt sie und erzählt: »Mein linkes Knie war ziemlich kaputt. Ich musste gleich operiert werden. Ansonsten ist alles in Ordnung.« Eine Woche muss sie im Krankenhaus bleiben, dann kann sie nach Hause. Ich habe eine Idee. So schnell wie möglich renne ich noch während des Gesprächs, das Handy am Ohr, die vier Stockwerke zu unserem Zimmer nach oben, schlage mir am niedrigen Türstock den Kopf an und bitte die Holländerin: »Es wäre schön, wenn du kurz mit den Kindern reden würdest. Dann wären sie beruhigt.« Sibylle und die

14. Wandertag · Friesenberghaus – Dominikushütte

Blick über den Schlegeis-Speicher, rechts hinten der Hochfeiler.

Kinder sehen mich fragend an, dann gebe ich Lukas das Telefon: »Da ist jemand für dich dran!« Er schaut verwirrt. Zunächst weiß er gar nicht, wen er da am Handy hat, dann freut er sich riesig. »Geht es dir gut?«, will er wissen und erhält offensichtlich eine positive Antwort. Da sie selbst zwei Kinder hat und sehr einfühlsam ist, kann sie auch Felix beruhigen und erzählt ihm die ganze Geschichte aus ihrer Sicht. Sie kann immer noch nicht begreifen, wie der Absturz passieren konnte. Ich bedanke mich bei ihr, dann lege ich auf und blicke in glückliche, gelöste Gesichter. Ich bin gerührt. Erst jetzt ist zu sehen, wie sehr das Unglück alle belastet hatte. »Ich bin so froh. Jetzt kann ich, vor allem aber können die Kinder, mit dem Erlebten sicher besser fertig werden«, schreibt Sibylle später in ihr Tagebuch. Und für mich ist es ein bisschen so, als ob unsere Tour nun von Neuem beginnen würde.

15. Wandertag: Wunderschönes Südtirol
Dominikushütte – Stein (14 Kilometer)

Vorgesehene Gehzeit 4 Stunden, Realzeit 6:30 Stunden

Heute ist ein besonderer Tag. Nach 15 Wandertagen werden wir nach Südtirol kommen, die Grenze von Österreich nach Italien überschreiten. Gute 220 der 554 Kilometer von München nach Venedig sind dann geschafft. Ich denke, wir können ein bisschen stolz sein – vor allem auf unsere beiden Burschen.

Vor dem Aufbruch müssen wir noch die vielen gesammelten Steine mit ihren teils wunderschönen Kristallen aussortieren. Gut ein Kilo davon haben die Kinder vom Berg heruntergeschleppt und jetzt fällt es schwer, sich von so vielen Schätzen zu trennen, dass nur noch eine Handvoll übrig bleibt. »Tschüss, Kristalle«, verabschiedet sich Felix schließlich und blickt, schon im Gehen, noch einmal bedauernd zurück. Lukas ist cooler, wie immer geht er schon einmal voraus.

Eigentlich ist das keine Gegend, die zügig durchlaufen werden sollte. Man könnte sich auch hinsetzen und ganz einfach das Panorama stundenlang in sich aufsaugen.

Kurioser Meilenstein mitten in den Bergen: Hier rechts geht's nach Venedig.

Auf der rechten Talseite erhebt sich der Schrammacher mit beachtlichen 3410 Metern, überall aus den Bergen stürzen von den Gletschern oder hohen Schneefeldern Bäche und Wasserfälle in das saftig grüne Tal und ergießen sich in den Zamser Bach. Links ist der Kleine Hochsteller mit 2860 Metern zu sehen und zwischen alldem steigen wir bestens gelaunt auf gut ausgebauten Wanderwegen und ganz gemütlich knappe 500 Hö-

15. Wandertag · Dominikushütte – Stein

henmeter bis zum Pfitscher Joch auf. Noch heute bin ich hin und weg von dieser Landschaft.

An einem Punkt macht wohl jeder Venedig-Wanderer halt. Ganz unvermittelt taucht plötzlich der unübersehbarste Wegweiser der ganzen 554 Kilometer auf: der legendäre Stein, auf den in schlichter gelber Farbe in Blockbuchstaben der Name Venedig gemalt ist. Darunter ein Pfeil nach rechts. Da also geht's für diejenigen lang, die mitten in den Bergen von Meeresluft träumen. Wie oft haben wir diesen Felsen bereits auf Fotos gesehen. Irgendwie ein Meilenstein und jetzt stehen wir tatsächlich davor.

Da dieser Wandertag keine besonderen Anstrengungen erfordert und das Ziel schon nahe ist, haben wir Zeit für eine Rast in der schnuckligen Lavitzalm. Die steht auf einem Hügelchen, gut eine halbe Stunde vor dem Pfitscher Joch, ist unübersehbar und lockt mit Leckereien wie Ziegenmilch, Kaiserschmarrn und Käse. Sibylle läuft mit Felix weiter, während ich mit Lukas auf einen Humpen Ziegenmilch gehe. Echte Vater-Sohn-Geschichte halt und er ist glücklich, mit mir für ein Viertelstündchen ganz allein zu sein. Die Wirtsfamilie isst am Nebentisch, es gibt Suppe und ein einfaches Kartoffelgericht. Es riecht so herrlich, dass uns das Wasser im Mund zusammenläuft. Am liebsten würden wir fragen, ob wir mitessen dürfen, aber wir trauen uns nicht.

Die letzten Meter zum Pfitscher Joch stehen an. Eilig stürmen wir Sibylle und Felix hinterher und übersehen leider die vielen Liebesbeweise – große Herzen –, die sie mit ihren Wanderstöcken in den lehmigen Boden gekratzt haben.

Dann taucht das schlichte Grenzhäuschen auf. An dieser Stelle gilt der Alpenhauptkamm als überschritten. Kaum zu fassen, dass dieser einsame Posten einst schwer bewacht war. Bis 1973 war es überhaupt nicht möglich, die Grenze hier zu passieren. Es lohnt sich, an diesem Punkt noch einmal zurückzublicken. Die Kinder sind fasziniert, als wir ihnen vor Augen führen, dass wir in den letzten drei Tagen das gesamte Bergmassiv auf der linken Seite, hinter dem sich der Tuxer Ferner befindet, passiert haben und jetzt am Grenzstein zu Italien stehen.

Vom Inntal in die Dolomiten

Eine ordentliche Brotzeit haben wir uns auf jeden Fall verdient. Das Pfitscher-Joch-Haus ist schon richtig italienisch. Selbstbedienung ist angesagt, Panini liegen hinter Glas, die typischen grellbunt-gezackten Schildchen weisen auf das Essensangebot hin und der Wein wird zu vernünftigen Preisen verkauft. Also gibt es zur Feier des Tages bereits mittags ein Gläschen Rotwein für uns Erwachsene, Zitronenlimo für die Kinder und eine Südtiroler Speckplatte für alle.

Auf der windabgewandten Seite stehen auf einer kleinen Terrasse zwei grobe Holztische mit Bänken und wir strecken unsere Gesichter der Sonne und damit Südtirol entgegen. Was braucht man mehr, um an solch einem Tag glücklich zu sein?

Beschwingt geht es weiter in Richtung Stein. Immer bergab, 700 Höhenmeter, das ist nicht

Endlich in Südtirol. Wer mag, kann kurz nach dem Grenzstein im Pfitscher-Joch-Haus mit Panini und Rotwein die Ankunft in Italien feiern.

anspruchsvoll. »Kommt her, ich habe einen tollen Kristall gefunden.« Die Kinder sind völlig begeistert von den vielen Steinen, die Schätze und Reichtümer verheißen. Überall hängen kleine Kristalle an Steinbrocken, es ist noch viel mehr zu finden als gestern. Sie können kaum weitergehen, so spannend ist die Schatzsuche. Wieder sind die Hosentaschen und inzwischen auch die oberen Fächer der Kinderrucksäcke voll, sie wissen gar nicht mehr, wo sie alles unterbringen sollen.

Wer sich von dem Örtchen Stein mehr erhofft als ein Gasthaus, eine Pension, ein paar Ställe und Scheunen, wird enttäuscht. Und auch unser Einzug in den Gasthof ist ein wenig kurios. Die Wirtin verlangt zwar für die Kinder den Erwachsenenpreis, glaubt aber, uns einen Gefallen zu tun, wenn sie uns anstelle der beiden vorbestellten Doppelzimmer zum gleichen Preis ein Vierbettzimmer zuteilt. »Die anderen Zimmer sind schon belegt und hier seid ihr alle zusammen«, sagt sie. Wollen wir aber gar nicht. Vielleicht sind wir ja komisch, aber wir schätzen es sehr wohl, in getrennten Zimmern zu schlafen. Das geht den Kindern übrigens genauso. Während wir durchaus die seltene Zweisamkeit genießen, fühlen sich die Jungs sehr erwachsen, wenn sie ein eigenes Zimmer haben. Dort können sie außerdem ungehemmt Kissenschlachten veranstalten, herumblödeln und den Raum in ein stets unfassbares Chaos verwandeln. Als wir ausgepackt haben, klopft die Wirtin plötzlich wieder an der Tür. »Ich hätte jetzt doch noch Doppelzimmer«, sagt sie. Das schlechte Gewissen steht ihr ins Gesicht gemeißelt. Aber jetzt haben wir auch keine Lust mehr, wieder alles zusammenzupacken.

Der holzvertäfelte Gastraum ist beim Abendessen bis zum letzten Platz besetzt. Alle haben gewaltigen Respekt vor der morgigen Etappe. Für mich persönlich ist sie mit ihren 2700 Höhenmetern, die zu bewältigen sind, die Königsetappe. Die angegebene Gehzeit beträgt siebeneinhalb Stunden, selbst wenn wir also um neun Uhr losgehen würden, wären wir, wenn wir keine einzige Pause einlegen würden, erst um 16:30 Uhr in Pfunders. Es ist klar, dass wir deutlich länger brauchen werden, Uta und Marina haben uns per SMS schon vorgewarnt. Übernachtungsmöglichkeiten für den Notfall gibt es nicht, keine Biwaks, keinen Unterstand, fast nur freies Gelände und erst recht keine Gaststätte.

Während Sybille und ich noch die nächste Etappe planen, schlummern unsere Burschen schon lange. Mit ihren Taschenmessern haben sie sich kunstvoll verzierte Schwerter geschnitzt, ein Bauer hat ihnen Hammer und Nägel zur Verfügung gestellt, um das Querbrett zu befestigen. Jetzt sind sie glücklich und träumen vermutlich von den Heldentaten edler Ritter. Die Schwerter liegen in Griffnähe neben den Betten. Wer weiß, vielleicht kann man sie bei nächtlichen Angriffen ja brauchen …

16. Wandertag: Die Königsetappe
Stein – Pfunders (17 Kilometer)

Vorgesehene Gehzeit 7:30 Stunden, Realzeit 9:30 Stunden

Alle sind aufgeregt. Als wir zum Frühstück nach unten kommen, liegt der Gang bereits voller Rucksäcke, überall wühlen etwas angespannt wirkende Wanderer in Taschen und Beuteln, es herrscht Aufbruchstimmung. Auf einer geteerten Straße durch den Wald geht es langsam, aber stetig nach oben. Es ist diese ganz typische, angenehme Morgenkühle eines Tages zu spüren, der heiß werden könnte. Man merkt seit gestern genau, dass wir eine Wetterscheide überschritten haben.

Nach gut eineinhalb Stunden zweigt an einer Kehre mit einem Parkplatz rechts ein Fußweg von der Straße ab. Nach einem Holzbrückchen, das sich über einen rauschenden Bach schwingt, taucht für die Kinder die erste Sensation des Tages auf: die Unterberghütten. Die schlichten Holzhäuser waren einst ein kleines Dörflein. Es wurde aber vor Jahrzehnten schon aufgegeben und verfällt nun langsam. Eine der Hütten ist bereits zusammengekracht, die Bergblumen wachsen zwischen den morschen Balken. Die Kinder sind total begeistert, müssen jede Hütte ganz genau auskundschaften. »Schau mal, was ist das?«, fragt Felix. In einer der noch besser erhaltenen Hütten liegt ein alter Schlitten. In früheren Zeiten wurde mit ihm Heu transportiert. Heute steht er nutzlos herum und hofft wohl darauf, dass irgendjemand noch rechtzeitig auf die Idee kommt, aus dem Dörfchen ein kleines Museum zu machen.

Felix und Lukas haben ihre Schwerter an den Rucksäcken befestigt, die Griffe mit den Querstreben sehen aus wie Kreuze. Es dauert auch nicht lange, bis eine Frau so ehrfürchtig wie respektvoll fragt, mit welch christlichem Hintergrund die Kinder denn die Kreuze mit sich schleppen würden. Ich muss sie enttäuschen. »Das sind keine Kreuze, sondern Schwerter«, grinse ich. Sie ist erst verdutzt, muss dann aber auch lachen und geht schmunzelnd weiter.

16. Wandertag · Stein – Pfunders

Ein namenloses Tal, durch das der Weg in Richtung Gliderscharte führt. »Weltentrückt«, wie der Traumpfad-Erfinder Ludwig Graßler schwärmt.

Ein kleines Stück führt der Weg noch durch den Wald, dann öffnet sich ein Tal, das Ludwig Graßler »weltentrückt« nannte. Es gibt keinen Begriff, der es besser treffen würde. Weit unten rauscht durch saftige Wiesen der Gliderbach, der von zahlreichen kleineren Quellen, Rinnsalen und Wasserfällen von den Bergen gespeist wird. Der Weg zieht sich zunächst langsam auf der sattgrünen linken Talseite durch hohes Gras nach unten. Dann queren wir den Bach. Ab sofort geht es stetig nach oben.
Zunächst ist kein Mensch zu sehen, das ganze Tal gehört uns allein. Nach einer knappen Dreiviertelstunde aber wird es noch spektakulärer: Auf der linken Seite ist zunächst der Weißkarferner, dann der Gliderferner zu sehen, gewaltige Hängegletscher, zwischen denen winzig klein die Hochfeilerhütte auf einer mächtigen Felszunge steht. Über allem thront der Hochfeiler mit seinen 3509 Metern. Ein faszinierender Anblick. Immer wieder streift unser Blick begeistert über diese unglaubliche Landschaft.

Vom Inntal in die Dolomiten

Eine schroffe Bergwelt erhebt sich auf der rechten Seite. Die allerdings betrachten wir mit etwas Respekt. Schließlich geht es da irgendwo nach oben, auf 2644 Meter Höhe und zur Gliderscharte. Nach dem grünen Tal, das dem Auge schmeichelt, sind dort nur Geröll und Felsen zu sehen. Wir sind ziemlich entsetzt, als wir weit und vor allem hoch vor uns ein paar Wanderer erblicken. So steil hatten wir uns das nicht vorgestellt. Da Sibylle mit dem stets etwas schnelleren Lukas vorausgeht, will ich Felix nicht allein lassen und bleibe bei ihm.

Das allerdings hat seine Tücken. Wenn ich hinter ihm gehe, bekomme ich aufgrund seiner geringeren Geschwindigkeit keinen vernünftigen Gehrhythmus. Außerdem bleibt er dann alle paar Meter stehen. Wohl wissend, dass ich ob des schmalen Pfades nicht so leicht an ihm vorbeikomme, muss er nun entweder ständig »einen tollen Stein« bewundern, »eine Pause machen«, »etwas trinken« oder, wenn gerade sonst nichts ansteht, »bieseln«. Eigentlich ist es ja wunderbar, dass er die Landschaft bewundert, sich für alles interessieren und begeistern kann, aber wir

Stundenlang geht es zur Gliderscharte steil nach oben. Dafür entschädigt die spektakuläre Aussicht auf den Gletscher für die Mühen.

haben heute gut neun Stunden Wanderzeit vor uns, wir müssen weiter. Also gehe ich irgendwann vor ihm. Auch das ist für ihn wunderbar. Papa ist jetzt ständig in Gesprächsnähe, auch beim steilsten Anstieg. Dabei redet Felix grundsätzlich so leise, dass ich, der ich ohnehin schon nach Luft japse, entweder gar nichts verstehe oder zumindest nicht das alles entscheidende Wort, das die Sätze verständlich machen würde. Also muss ich nachfragen. Meist mit dem letzten Atem, der mir noch bleibt.

16. Wandertag · Stein – Pfunders

Darauf wiederholt er seine Frage nett und arglos – aber in der gleichen Lautstärke. Das geht ein paar Mal so hin und her. Schließlich hat Papa endlich verstanden und soll nun beispielsweise naturwissenschaftliche Details wie die Auswirkung der Erderwärmung auf die Gletscher erklären. Und die Frage beantworten, warum die Erde sich überhaupt erwärmt. Warum, bitte schön, fragt er so etwas nie in flachem Gelände? Außerdem habe ich mein verzweifelt zusammengekramtes Wissen nicht kindgerecht genug formuliert. »Kannst du das denn nicht so erklären, dass ich es verstehe?« Klar, kann ich, auch wenn allein der Aufstieg meine Kondition schon überfordert. Irgendwann, fürchte ich, platzt jetzt einfach meine Lunge.

Felix stapft weiter mit stoischer Ruhe nach oben. Meine Argumentation, dass ich ihm gerne oben alles erkläre, jetzt aber meine Luft zum Atmen brauche, ignoriert er unerbittlich. »Außerdem kratzt meine Hose«, eröffnet er eine neue Gesprächsrunde. Da kann ich jetzt nun wirklich gar nichts machen, daher bringe ich schnell einen deutlichen Abstand zwischen uns. Dass ihm das nicht passt, kann man sich vorstellen. Irgendwann jedenfalls brüllt er mir hinterher: »Wenn ihr so weit vorausgeht, kann ich ja das nächste Mal gleich allein zum Wandern gehen.« Ich lache laut auf. Die Vorstellung, dass unser zunehmend wanderunlustiger Neunjähriger künftig mit dem Zug nach Südtirol fährt und dort allein wandern geht, ist zu kurios. Also bleibe ich ein wenig näher bei Felix, mache ihm aber klar, dass es bei scheuernden Hosen keine Diskussionen, sondern einzig die Möglichkeit gibt, die Ersatzhose anzuziehen. Darauf hat er nun gar keine Lust und geht die nächsten zehn Tage weiter, ohne die Scheuerstelle jemals wieder zu erwähnen.

Schweißgebadet kämpfen wir uns weiter hoch. »Das letzte Stück ist wahnsinnig anstrengend«, schreibt auch Sibylle später in ihr Tagebuch, »ich muss die Kinder für ihre Ausdauer wirklich bewundern.« Doch dann sind wir oben. »Ich bin ein Held«, grinst Felix. Auch Lukas ist total abgekämpft, aber glücklich, den Aufstieg geschafft zu haben: »Gut, dass wir das Schwierigste heute hinter uns haben.« Jetzt aber neben dem Wandererglück noch ein profaneres: Als Belohnung für den Aufstieg

Vom Inntal in die Dolomiten

habe ich für die Jungs im Gasthof Stein heimlich Mars-Riegel gekauft. »Super, Papa!« Zwei kleine Küsschen rechts und links auf die Wangen sind die Belohnung für mich.

Ein letztes Mal blicken wir auf den Hochfeiler zurück. Die vergangenen fünf Stunden waren zwar anstrengend, aber auch lohnend. Jetzt folgen wir ohne jede Mühe eine Viertelstunde einem Bach, der über eine steinige Hochebene gelassen in Richtung des Grindler Sees plätschert. Ich bin völlig schweißverklebt, also gibt es hier, auf 2600 Meter Höhe, ein kurzes Bad. Mit Betonung auf kurz. Auch der Applaus einer Bergsteigergruppe, die einem gegenüberliegenden Gipfel zustrebt, kann mich nicht länger als eine gute Minute in den eiskalten Fluten halten. Sollte mir noch irgendeine Müdigkeit in den Gliedern stecken, jetzt ist sie weg, ich bin wieder topfit.

Unbeschreiblich kalt ist das Bad im Grindler See.

Die Kinder werfen Steine in den See, Sibylle und ich legen uns ein bisschen ins Gras und packen dann unser Mittagessen aus: ein paar Käsebrote und Wurstsemmeln. Es ist ein herrlicher Tag. Die Berge spiegeln sich im See, die Bergsteiger sind nun fast am Grat vor dem Gipfel und links von uns sehen wir erstmals hinunter ins Pfunderertal.

Es ist jedes Mal spannend, wenn sich völlig neue Blickwinkel eröffnen. Dieser hier ist grandios. Noch stehen wir in der schroffen Welt des Hochgebirges, blicken aber bereits hinunter auf die sanften grünen Pfunderer Berge, die uns bis ins Pustertal begleiten werden. Es ist eine ganz andere, viel lieblichere Bergwelt, die sich hier zeigt, als auf der nördlichen Alpenseite. Kilometerweit sehen wir auf saftige Weiden und ganz im Hintergrund auch auf das nächste Tagesziel, den Rodenecker Wald.

Der Abstieg auf gut markierten Wegen ist einfach, aber lang. Vier Stunden sind es noch bis Pfunders, wo wir Zimmer mit Frühstück vorreser-

16. Wandertag · Stein – Pfunders

viert haben. Da wir nach wie vor mit dem Wetter Glück haben und den ganzen Tag herrlichen Sonnenschein genießen, laufen wir trotzdem beschwingt weiter. Kurz vor der Unteren Engbergalm würden die Kinder gerne rechts abbiegen. An einer Wegmarkierung geht es zur Weitenberger Alpe und dort wurde früher in einem Bergwerk Gold abgebaut. Doch für einen Umweg ist heute weder Kraft noch Zeit.

Unser Weg führt an der Duner Klamm vorbei. Der Wildbach hat sich hier tief in den Felsen gegraben und tobt an manchen Stellen bis zu 20 steile Meter unter den gut gesicherten Wegen. Kurz danach taucht der Weiler Dun auf und wir wissen, dass es nicht mehr weit ist. Trotzdem reicht es jetzt. Normalerweise ist Lukas nicht zu bremsen, so zügig und sicher geht er. Jetzt ist er allerdings vom einen Moment zum anderen so fertig, dass er sich mit Bauchschmerzen unter einen Baum setzt und nicht mehr weiterwill.

Das ist gar nicht so untypisch beim Wandern. Eben noch voller Elan meint man kurz danach, am Ende aller Kräfte zu sein. Wir setzen uns dazu, auch wenn wir fürchten, dann nicht mehr hochzukommen. Denn plötzlich spüren auch wir, dass wir unsere Beine heute ganz enorm belastet haben. Aber vielleicht fehlt uns nur etwas Energie. Also packe ich mit Todesverachtung die Müsliriegel aus. Die haben

> Der **Goldabbau** auf der Weitenberger Alpe fand der Legende nach ein jähes Ende, als bei einem gewaltigen Bergsturz viele Menschen ums Leben kamen. Auch das goldene Kegelspiel, von dem in vielen Sagen die Rede ist und das angeblich in den Stollen aufbewahrt wurde, verschwand. Vielleicht wurde es verschüttet und liegt noch immer dort, vielleicht hat es ein Überlebender mitgenommen. Geblieben sind Mauerreste von Schmelzhütten und verfallene Stolleneingänge. Immer wieder wurden die Arbeiten an dem Bergwerk aufgenommen und wieder eingestellt. Aber so genau ist das alles nicht festgehalten. Mag sein, dass es sich lohnen könnte, doch noch einmal nach dem goldenen Kegelspiel zu suchen.

jetzt schon knappe 240 Kilometer Wanderung hinter sich und wenn ich die Alternative hätte, würde ich sie lieber die restlichen 314 Kilometer auch noch tragen. Trotzdem tun sie jetzt gut.

Ich versuche, kurzfristig umzuplanen und hier in Dun eine Unterkunft zu finden. Ich telefoniere und frage in Privathäusern nach, doch es ist nichts zu bekommen. Also müssen wir weiter. Ich verspreche Lukas, dass es bei der ersten sich bietenden Möglichkeit Eis gibt. Jeder Erwachsene hätte müde gelächelt, Lukas aber grinst, packt den Rucksack und steht auf: »Weiter geht's!«

Gut, dass es nur noch eine Stunde ist. Eine landschaftlich sehr schöne Stunde, teils weit über dem Tal, einen stimmungsvollen Kreuzweg entlang. Der ist eigentlich die ehemalige Straße ins Pfunderertal, die grob in den Felsen gehauen wurde und hoch über dem Talboden entlangführt. Heute ist sie ein Wanderweg mit spektakulären Ausblicken, von dem immer wieder geheimnisvolle Pfade in die Berge abzweigen. Die Kinder können sich gut vorstellen, wie hier die Pfunderer einst als Schmuggler umherzogen und Waren weit über die Grenze und über unwegsame Bergpassagen schleppten.

Wie versprochen, gibt es an der ersten Gaststätte nach dem Ortseingang erst einmal Eis. Das haben sich die Kinder redlich verdient, schließlich ist es jetzt fast 18 Uhr. Vor knapp neuneinhalb Stunden sind wir losgelaufen. Ich habe einen Riesenrespekt vor ihnen, schließlich spüre ich selbst jeden Knochen. Mal abgesehen vom ersten Wandertag nach Schäftlarn waren wir noch nie so erschöpft.

Eigentlich wäre unsere schlichte Unterkunft, der Schneiderhof, eine Pension wie jede andere – wäre da nicht das Riesenplanschbecken im Garten. Wir Erwachsenen zischen ein Radler, während die Kinder mit unbändiger Energie im Pool toben, mit Schwimmnudeln gewaltsam aufeinander einschlagen und irgendwie den Anschein erwecken, als bräuchten sie nach diesem Tag tatsächlich noch etwas Bewegung.

Im Schneiderhof ist heute wirklich was los. Eine zehnköpfige Verwandtschaft ist zum Kaffee zu Besuch, die Übernachtungsgäste erholen sich im Garten, die Truthähne schreien und der Hofhund bellt. Ganz treuherzig schaut er und wird von der abfahrenden Verwandtschaft ganz besonders nett verabschiedet. Wohl wissend für immer, wie wir später erfahren. Er muss hin und wieder geschnappt haben und wurde daher kurz nach unserem Weitermarsch eingeschläfert.

Wir sind zwar auch bereits etwas schläfrig, haben aber noch gewaltigen Hunger. Da es beim Gasthof Brugger außerdem einen der auf dieser

16. Wandertag · Stein – Pfunders

Kurz vor Pfunders haben wir für die schöne Landschaft kaum noch einen Blick übrig. Nach neuneinhalb Stunden Wandern wollen wir nur noch ankommen.

Wanderung recht seltenen Geldautomaten gibt, sitzen wir kurz darauf entspannt auf der Terrasse, genießen Hüttennudeln, Speckknödelsuppe und Schlutzkrapfen. Lukas und Felix halten es schon vor dem Essen kaum am Tisch aus. Sie erkunden das Gebüsch am Bach und schnitzen dann an ihren Schwertern weiter. Plötzlich kommt Lukas angerannt und hält seine Hand hoch. Blut tropft auf den Boden: »Mama, schau mal, ich habe mich verletzt.« Er hat sich mit seinem Messer ziemlich tief in den Daumen geschnitten. Die Wirtin flickt ihn mit einem großen Pflaster wieder zusammen und wir sind verblüfft: Weder weint noch klagt Lukas, der in Fällen wie diesem gerne ein Riesentheater macht. Das muss der Zauber des München-Venedig-Weges sein.

Vom Inntal in die Dolomiten

17. Wandertag: Verdammter Rodenecker Wald
Pfunders – Ronerhütte (18 Kilometer)

Vorgesehene Gehzeit 5:30 Stunden, Realzeit 7:45 Stunden

Die Pfunderer Berge sind eine eigene Reise wert. Selten trifft man in Südtirol noch auf so einsame Wege, auf eine so sanfte und harmonische Landschaft wie hier. »Die grünen Berge« wird diese Gegend aufgrund ihrer vielen Wiesen, Blumen und weiten Almen genannt. Das alles sehen die Kinder heute nicht. Sie sind stinksauer, da wir nicht mit dem Bus in den nächsten Ort, nach Vintl, fahren. »Das gibt's doch nicht, da fährt einmal ein Bus und wir laufen trotzdem«, schimpfen die beiden. Mit meinen lädierten Knien und den schmerzenden Hüften hätte auch ich mir die kleine Schummelei ganz gut vorstellen können, doch Sibylle ist unangenehm konsequent. »Wenn schon, dann will ich alles laufen«, sagt sie. Mit festem Blick zeigt sie sich auch gegenüber weiteren wohldurchdachten Einwänden meinerseits und den Verlockungen des Bustransportes unnachgiebig: »Schließlich wolltest du wandern.«

So halten die Jungs nach dem Abmarsch zunächst ein wenig Abstand, sind aber schon nach ein paar Minuten wieder bestens gelaunt und erzählen sich gegenseitig lustige, selbst erfundene Geschichten. Nur wenn wir uns zu ihnen umdrehen, verfinstern sich ihre Mienen spontan zu einem stummen, vorwurfsvollen Protest.

Die ersten vier Kilometer führen zwar an der Straße entlang, doch dafür geht es flott voran und der Verkehr hält sich in Grenzen. Trotzdem sind die Kinder fassungslos, welchen Unsinn ihre Eltern hier eigentlich treiben, als nach einer guten Dreiviertelstunde tatsächlich ein Linienbus vorbeifährt. Die Arme in die Hüften gestützt, stehen sie da und schauen ihm nach. Und ich bin froh, nicht Gedanken lesen zu können.

Kurz danach werden sie von einem Bauern bewundert, der am Wegesrand steht und die Wiese mit der Sense mäht. »Was, ihr lauft nach Ve-

17. Wandertag · Pfunders – Ronerhütte

Vom kleinen Dörfchen Weitental aus ist Vintl schnell erreicht.

nedig? Fleißige Burschen«, sagt er und grinst bis über beide Ohren. Wahrscheinlich glaubt er ihnen kein Wort. Trotzdem geht das Lob runter wie Honig. Überhaupt erhalten die Jungs von allen Seiten Bestätigung. Das geht oft schon beim Frühstück los, wenn sie zwischen ansonsten ausschließlich erwachsenen Venedig-Wanderern sitzen und ihre Exotenstellung sehr wohl registrieren. Und es setzt sich am Wegesrand fort, wenn Einheimische wissen wollen, wo die Jungs denn hinlaufen mit ihren Rucksäcken. »Nach Venedig«, kommt dann ganz stolz – aber möglichst so, dass wir es nicht mitbekommen. Was sie den Einheimischen sonst noch so alles erzählen, bleibt ein Geheimnis. »Nichts«, zucken sie mit den Schultern, auch wenn sie sich gerade minutenlang unterhalten haben. Ich bin sicher, dass sie mächtig Spaß haben.

Fröhlich plaudernd laufen wir auf schattigen Waldrandwegen weiter. Lukas und ich vorneweg, etwas dahinter Sibylle und Felix. Plötzlich ein spitzer Schrei. Sibylle steht mit großen Augen da und starrt auf den Boden. »Ich bin auf eine Schlange getreten«, sagt sie fassungslos. »Hat sie

Vom Inntal in die Dolomiten

dich gebissen?«, frage ich. »Nein.« – »Warum schreist du dann?« Sie verdreht die Augen: »Weil ich erschrocken bin!« Das arme Tier ist blitzartig im Gebüsch verschwunden. Die Kinder sind schwer beeindruckt. Steinböcke, Kühe, Murmeltiere sind inzwischen keine Sensation mehr, eine »gefährliche« Schlange sehr wohl.

Abenteuerlich finden es die Kinder auch, die Wasserflaschen an Quellen wieder aufzufüllen. »Das beste Wasser der Welt«, meint Felix: »Diesen Geschmack, wenn es direkt aus der Quelle kommt, gibt es nur in den Bergen.«

Bald sind die ersten Häuser von Niedervintl zu sehen. Das Städtchen hat durchaus Charme und viele Venedig-Wanderer lassen sich hier die erste Pizza in Italien schmecken. Ich bin dagegen vor allem von einer Ansammlung von Straßenschildern fasziniert. Das blaue, nach links weisende Schild zeigt, dass es nur noch 18,5 Kilometer bis nach Bruneck sind, das nach rechts, dass Brixen lediglich 15 Kilometer entfernt ist, und das grüne Schild in der Mitte weist zur Autostrada in Richtung Brenner. Wir sind im Pustertal angekommen. Dort, wo wir vor Jahren schon einmal einen Urlaub verbracht haben. Nur sind wir damals fünf Stunden mit dem Auto gefahren. Interessant ist auf einem zweiten Pfosten auch das Schild mit der charakteristischen Muschel. Ein Teilstück des Südtiroler Jakobsweges führt hier an Vintl

Ein Jakobsweg kreuzt den Traumpfad.

entlang in Richtung Mühlbach. Vielleicht beim nächsten Mal …

Am Rande eines Maisfeldes setzen wir uns in die Wiese und packen unsere Brote und Semmeln aus. Die Kinder sind fröhlich und spielen nach dem Essen zwischen den hohen Maispflanzen Verstecken. Zwei »Heldentaten« unserer Jungs verzögern den Aufbruch. Lukas verschüttet fast die komplette restliche Sonnencreme, was schon deshalb ungünstig ist, weil wir ab heute Mittag fast nur noch auf sonnigen Hochebenen lau-

17. Wandertag · Pfunders – Ronerhütte

fen. Felix zerstört zeitgleich die Beschichtung seiner Sonnenbrille, indem er mit seinen Bergstiefeln drauflatscht und das linke Glas total verkratzt. Es wird wohl Zeit, dass wir weitergehen.

Der Rodenecker Wald ist ein Kapitel für sich. Ein äußerst freudloses, eines, das sich lange zieht, ermüdet, verärgert, zum Schwitzen bringt und lange Pausen erzwingt. Kurzum: Diesen Wald braucht niemand. Er ist einfach lästig, steht im Weg und scheint mit seinem Anstieg über 1100 Höhenmeter fast unüberwindbar. Außerdem nimmt er die Sicht.

Dreieinhalb Stunden kämpfen wir uns nach oben, es ist eine einzige Qual. Hatte man an der Gliderscharte zumindest noch das Ziel vor Augen, geht es hier einfach nur hinauf in ein grünes Nichts. Zu allem Überfluss ist plötzlich Lukas weg. Wir hatten soeben eine Auseinandersetzung. Er wollte eine romantisch in den Weg ragende Liane abreißen, ich hatte es ihm verboten. Natürlich hat er sich doch drangehängt und sie abgerissen. Ich bin sauer, weil er ignoriert, was ich ihm sage, und außerdem der schöne Anblick zerstört ist. Daraufhin stapft er wütend weit voraus. In seinem Zorn verpasst er die meiner Ansicht nach geradezu exzellent ausgeschilderte Abzweigung nach rechts und geht, außer Rufweite, auf dem Fahrweg weiter. Da ich ohnehin auf ihn wütend bin, läuft ihm lieber Sibylle hinterher, während ich mit Felix die vorgesehene Abkürzung nehme. Wir müssen lange auf die beiden warten, ehe wir das Klackern der Stöcke hören. Der Umweg hat sich gut zwei Kilometer um den Berg herumgezogen. Sibylle hat Lukas einen kräftigen Anpfiff verpasst (was ich sehr gutheiße). Immerhin ist es ihm sehr unangenehm und er entschuldigt sich mehrfach. Auch wenn er das mit der Liane weiterhin blödsinnig findet.

Die Wege sind so steil, dass wir teilweise alle 20 Meter stehen bleiben, um zu verschnaufen. Sibylle keucht, weit vornübergebeugt, selbst Lukas bleibt zurück und auch ich bin irgendwann am Ende meiner Kräfte. Außerdem habe ich anscheinend wieder mal mit dem Magnesium übertrieben und daher quälende Bauchkrämpfe.

Nur Felix trottet mit der stoischen Gleichmäßigkeit einer Maschine nach oben. Vielleicht hatte es doch einen Sinn, dass er vorher im Ge-

109

Vom Inntal in die Dolomiten

gensatz zu uns allen ein Iso-Getränk gewählt hat. Nur die Fliegen und Mücken, die angeblich ständig seine Ohren anfliegen, ärgern den Neunjährigen. Außerdem treibt er uns fast in den Wahnsinn, da er wirklich jedes Mal, wenn einer von uns keuchend 20 Meter vor ihm stehen bleibt, fragt: »Sind wir bald da? Seht ihr die Hütte?« Nein, wir sind nicht bald da. Wir sehen auch nicht die Hütte. Und wir bleiben auch nicht stehen, weil wir uns unterhalten wollen, sondern weil wir einfach nicht mehr können.

Ich bin so fertig, dass ich mich gut 15 Minuten vor dem Ziel einfach auf den Waldboden setze und die Restbestände unserer Brotzeit verschlinge. Und zusätzlich freiwillig einen Müsliriegel esse. Kurz danach bin ich ziemlich sicher, dass wir uns trotz der vielen Warnungen auf den sich ständig kreuzenden Wegen verlaufen haben. Ich verschweige das aber. Die Kinder sind inzwischen ohnehin wieder bestens gelaunt, finden »Märchenpilze« und gebogene Äste, die nun wohl ihr weiteres Dasein als Steinschleudern fristen müssen. Doch dann taucht plötzlich das Dach der Ronerhütte auf. Noch nie auf dieser Wanderung habe ich das Ziel so sehr herbeigesehnt. Die letzten 200 Meter kann man auch abkürzen und, anstatt dem Wanderweg zu folgen, eine sumpfige Wiese überqueren. Egal, ich wäre auch rübergeschwommen, wenn es ein See gewesen wäre. Hauptsache ankommen. Kurz vor der Terrasse mit all den herrlich in der Sonne funkelnden Biergläsern müssen wir noch über ein Gatter steigen, dann sinke ich auf eine der einladenden Holzbänke. So schnell wird mich hier niemand mehr wegbekommen.

Ruhetag: Dolomiten in Sicht

Ach, es ist auch einmal schön, aufzustehen und kein Ziel zu haben. Sich nicht vom Wecker, sondern von der Sonne wecken zu lassen und dann ganz gemütlich zum bereits gedeckten Frühstückstisch zu schreiten. Wunderbar, es gibt sogar Kuchen zum Frühstück. Es ist dieser herrlich aussehende Preiselbeerkuchen von gestern Nachmittag, den ich mir nur deshalb versagt hatte, da ich bereits den saftigen Topfenstrudel probiert hatte. Außerdem liegt Südtiroler Speck und Käse auf den Tellern, es gibt verschiedene Brot- und Semmelsorten, selbst gemachte Marmeladen, Honig und sogar Eier.

Die Jungs sind bald draußen bei dem kleinen Spielplatz, bewundern den Bauernhof, der die Ronerhütte mit vielen Lebensmitteln versorgt, und spielen Fußball. Plötzlich hält ein Jeep und sofort schart sich eine größere Gruppe Einheimischer, die heute Morgen auf der Hütte ist, um die Heckklappe. Ein Jäger öffnet stolz die Ladefläche seines Autos, er hat ein Reh geschossen. Es ist auf Tannenzweige gebettet, auch im Maul hat es einen Zweig stecken. Lukas und Felix sind fasziniert und entsetzt zugleich. Felix will das schöne Tier, das mit seinen offenen, matt glänzenden Augen fast noch lebendig wirkt, gerne streicheln. Trotzdem ist er traurig, dass es nicht mehr lebt.

Ein stolzer Jäger zeigt das von ihm geschossene Reh.

Unsere Füße erholen sich im Laufe des Tages spürbar und auch der Psyche geht es viel besser. Gestern, nach dem Rodenecker Wald, war ich so fertig, dass ich kurzzeitig sogar daran gedacht hatte, aufzugeben. Schon erstaunlich, was so ein harmlos wirkender Wald mit einem anstellen kann.

Hin und wieder spitzt jetzt der graue Fels des Peitlerkofels durch die Wolken. Das reicht als Ansporn. Klar, dass wir weitergehen. Morgen wollen wir den Dolomiten endlich näher kommen.

Unfreiwilliger Ruhetag: Nach fünf Minuten klatschnass

Ronerhütte – Starkenfeldhütte (3 Kilometer)

Unerbittlich klingelt um 6:30 Uhr der Wecker. »Es ist besser, ihr geht früh los. Für den Nachmittag sind Gewitter angesagt«, hatte uns der Hüttenwirt gestern schon ermahnt. Als wir aufstehen, tröpfelt es allerdings bereits. Also machen wir uns in Rekordzeit fertig und sind sehr stolz, als wir 50 Minuten später mit gepackten Rucksäcken beim Frühstück sitzen.

Draußen beginnt es inzwischen zu schütten. So sehr, dass an ein Losgehen gar nicht mehr zu denken ist. Sogar die Dachrinnen laufen über. Ich gehe vor die Tür und sehe nichts anderes als dicke schwarze Regenwolken. Wir sitzen auf glühenden Kohlen, während draußen der Regen prasselt. Eine Mau-Mau-Schlacht nach der anderen schlagen wir, bis wir irgendwann keine Lust mehr haben. Drei Stunden sitzen wir hier nun schon herum, und das, obwohl wir zum ersten Mal so früh abmarschbereit waren.

Um halb elf kann uns nichts mehr halten. »Vielleicht hört der Regen ja bald auf«, versuche ich, die Restfamilie zu ermutigen. Mehr als Zweckoptimismus ist das nicht. Lukas sieht schon nach fünf Minuten aus, als hätte er mitsamt den Klamotten in einem Wasserfall gebadet. Die Regenjacke klebt am Fleece, kurz danach läuft ihm das Wasser an den Ärmeln aus der Jacke.

Der Weg ist inzwischen nur noch teilweise begehbar, er hat sich in einen Bach verwandelt. Lediglich einem kleinen Frosch, der zur Seite springt, macht das Wetter gar nichts aus. Es gießt so, dass die Sicht nur noch 30 bis 40 Meter beträgt, und die Wolken werden nicht weniger.

Es hat keinen Sinn und als nach einer halben Stunde Gehzeit die Starkenfeldhütte auftaucht, gibt es auch kein Halten mehr. Wir werden heute einen weiteren Ruhetag einlegen – und vor allem versuchen, die Schuhe und Jacken wieder trocken zu bekommen.

18. Wandertag: Eine Hochalm zum Verlieben
Starkenfeldhütte – Maurer Berghütte (13 Kilometer)

Vorgesehene Gehzeit 5 Stunden, Realzeit 5:45 Stunden

Eine Formulierung in meinem Tagebuch erinnert mich an den Einwand von Lukas, das hier wäre kein Urlaub: »Wir stehen heute erst gegen 7:30 Uhr auf.« Wie sehr sich doch die Maßstäbe bei einer Wanderung verschieben, 7:30 Uhr ist für uns im Urlaub normalerweise überhaupt nicht existent. Zu dieser Zeit schlafen wir.

Tatsächlich lassen wir uns heute ein wenig Zeit. Für den Vormittag ist unbeständiges Wetter angekündigt, erst mittags soll es schöner werden. Außerdem besteht ob der geringen Gehzeit von rund fünf Stunden auch kein Grund zur Eile. Richtig Lust zu laufen haben wir ohnehin nicht.

Die Wiesen sind noch immer nass, ein eisiger Wind weht und wir wandern schutzlos in einer Höhe von knapp 2000 Metern auf einer Hochebene. Immer mit einem Blick auf die riesigen Wolkenberge, die direkt auf uns zukommen und den Eindruck vermitteln, sie wollten uns in der nächsten halben Stunde verschlucken.

Viel wächst nicht in dieser Höhe. Ein paar Latschenkiefern können sich halten, struppig und vom Wind zerzaust. Dafür säumt ein ganzes Meer von Heidelbeersträuchern den mitunter schwer zu findenden Weg.

Immer öfter reißen die Wolken auf, die Sonne spitzt heraus und dann ist es wunderschön. Es geht hinauf auf den kahlen Buckel des Jakobsstöckls, übers steile Glittner Joch in Richtung Glittner See. Eine Traumlandschaft, die schon

Gefährliche Gämsen – oder die humorige Mahnung, die Berge sauber zu halten.

Vom Inntal in die Dolomiten

wieder eine eigene Reise wert wäre. Links schweift der Blick weit ins Tal hinab nach Bruneck, St. Vigil in Enneberg und zum bekannten Skiberg Kronplatz.

Irgendwo knapp unterhalb einer Bergkuppe steht ein einsamer alter Gartenstuhl. Ein unbekannter Genießer hat ihn hierhergetragen und kann nun, wann immer er will, die Aussicht bewundern. Sogar der sonst so quirlige Felix setzt sich hin und saugt ganz allein einige Minuten lang den imposanten Weitblick in sich auf. Doch mit seiner Ruhe ist es kurz danach vorbei. Er entdeckt, dass in den vielen Pfützen und Tümpeln Tausende von winzig kleinen Fröschen paddeln. »Schaut mal, sind die süß«, schwärmt er von den höchstens drei Zentimeter langen gelbgrünen Fröschlein. Die warten, meint jedenfalls Felix, schon seit Tagen auf nichts anderes, als von ihm in die Hand genommen zu werden. Allerdings ist das offensichtlich nur seine ureigene Meinung. So schnell sie können, versuchen die Frösche, von seiner Hand zu springen, krabbeln unter Grasbüschel oder ergreifen im Wasser die Flucht. Was unseren Jüngsten nicht im Geringsten rührt. Im nächsten Tümpel werden sofort wieder neue Artgenossen gefangen.

Ein einsamer Stuhl auf einer Bergwiese: Felix genießt minutenlang den Blick über das Tal in Richtung Kronplatz.

Die heutige Etappe ist wunderschön. Bei wolkenfreiem Himmel, Windstille und Fernsicht würde sie in einer Rangliste der optisch beeindruckendsten Tage des München-Venedig-Weges wahrscheinlich Platz eins einnehmen.

Es ist so bezaubernd hier, dass sich bei Sibylle und mir Schritt für Schritt die alte Euphorie wieder einstellt. Ich könnte mir sogar vorstellen, bereits in diesem Jahr nach Venedig durchzulaufen, wage aber erst gar

18. Wandertag · Starkenfeldhütte – Maurer Berghütte

nicht, das vorzubringen. Eigentlich besteht die Vereinbarung, diesen Abschnitt beim Passo Pordoi enden zu lassen. Erst im nächsten Jahr soll es weitergehen. Und ohne den Kompromiss, stets allenfalls 15 Tage zu wandern und dann noch einen Badeurlaub anzuhängen, hätte ich meine Familie ohnehin nie vom Traumpfad überzeugen können.

Ein Blick, der im Gedächtnis bleibt, bildet den Abschluss der Hochebene. Vor dem Wanderer liegt der gut 50 Meter lange, wildromantische Glittner See. Ein Schwanenpaar zieht darauf stolz seine Kreise, dahinter geht es tief ins Tal hinab und im Hintergrund schließt der Peitlerkofel das Bild ab. Jetzt noch eine Bank und einen Tisch für die Brotzeit wünscht man sich – und selbst die gibt es. Man weist sich selbst zurecht, schließlich kann man nicht überall sitzen bleiben und rasten. Aber hier geht es nicht anders. Und wenn nicht ein elend kalter Wind gepfiffen hätte, würden wir wahrscheinlich noch heute dort sitzen.

Unser heutiges Tagesziel, die Maurer Berghütte, ist ein lohnenswerter Etappenpunkt. Das liegt an dem nun wirklich umwerfenden Blick auf den grauen Fels des Peitlerkofels, an den angenehmen Wirtsleuten, der guten Küche und den schönen, schlichten Zimmern, die mit reichlichem Frühstück 26 Euro pro Person kosten. Schön, dass wir genügend Zeit haben, den Nachmittag bei Kaffee und Strauben zu vertrödeln.

> **Die alte Südtiroler Spezialität »Strauben«** gibt es nur noch selten. Dabei schmeckt diese knusprige Süßspeise herrlich! Hier ein einfaches Rezept, um die »Strauben« vor dem Aussterben zu bewahren:
> 200 g Mehl, 20 g flüssige Butter, 250 ml Milch, 20 ml Schnaps und 3 Eigelb zu einem dickflüssigen Teig verrühren. Das Eiweiß separat mit einer Prise Salz zu Eischnee schlagen und unter die Masse heben. Diesen Teig durch einen Trichter kreisförmig und so in eine Pfanne mit Öl laufen lassen, dass zwischen den Teigwürsten noch kleine Lücken bleiben. Dann weiter auf dem Herd, aber mit Deckel, so lange backen, bis der Teig goldgelb ist. Im Ganzen herausheben und auf Kückenkrepp abtropfen lassen. Der »Strauben« wird nun mit Puderzucker bestäubt. Jetzt nur noch Preiselbeermarmelade dazugegeben – und dann die fünf endlosen Minuten warten, ehe der »Strauben« so weit abgekühlt ist, dass man ihn mit einem Lächeln auf den Lippen genießen kann.

Als es zu dämmern beginnt, verlassen wir die einsame Bank, die rechts vor der Hütte steht. Es wird empfindlich kalt und auch die Ziegen, Hühner und anderen tierischen Bewohner des Kleinbauernhofes, die die

Vom Inntal in die Dolomiten

Hexenhäuschen ohne Lebkuchen – dafür mit Dolomitenblick.

Kinder so sehr begeistern, müssen in die Ställe. Ein heftiges Gewitter setzt ein und mit den ersten Regentropfen stürzen zwei jüngere Wanderer in die warme Stube. Es sind Axel und Felix, ganz in Schwarz und mit erstaunlich geringem Gepäck. Zwei absolute Wahnsinnsknaben, die mehr als zackig unterwegs sind. In neun anstatt der 14 vorgesehenen Tagesetappen sind sie von München aus hierhergelaufen. Es ist unfassbar, immerhin weisen bereits drei der regulären Etappen Gehzeiten von acht Stunden auf. Fast mag man nicht fragen, woher sie heute kommen. Die Antwort ist erschütternd: »Aus Pfunders.« Wir sind fassungslos. Zum Vergleich: Wir wanderten an einem Tag von Pfunders auf die Ronerhütte, haben dort einen Tag pausiert, hingen einen Tag im Regen fest und sind dann einen weiteren Tag bis hierher gelaufen. Das wiederum können nun sie kaum fassen.

18. Wandertag · Starkenfeldhütte – Maurer Berghütte

Felix, der in seiner Freizeit Jugendreferent der Alpenvereinssektion Weinheim ist, stieß durch Zufall in einer Buchhandlung auf einen München-Venedig-Wanderführer. »Ich war sofort sicher, dass ich das auch machen muss. Die Schwierigkeit war, jemanden zu finden, der 30 Tage Zeit hat, fit ist und den ich außerdem wirklich gern habe. Na ja, Freundin hatte ich zu dieser Zeit keine und dann war mein Bruder auch nicht abgeneigt.« Der Nebeneffekt, den Felix erst später erkennt: »Diese Tour hat uns unheimlich zusammengeschweißt.«

Wir sitzen noch ein wenig in der Wirtsstube, unser Felix liegt auf dem dafür vorgesehenen Holzgestell über dem kuschlig warmen Kachelofen und liest »Donald Duck«-Hefte. Auch Lukas hat sich einen Comic geschnappt und ist daher seit Stunden kaum mehr ansprechbar. Kurz vor dem Zubettgehen erreicht uns eine euphorische SMS von Uta und Marina: »Wir glauben, wir packen es.« Dabei hatten sich die beiden von vornherein keinem Zwang ausgesetzt, bis Venedig kommen zu müssen. Und jetzt sind sie schon kurz vor Belluno.

Die Stimmung war heute eigenartig. Zunächst die extremen Schwankungen von gar nicht erst loslaufen wollen bis zu absoluter Begeisterung. Dann später, auf der Bank vor der Hütte und im Angesicht des Peitlerkofels, ein paar nachdenkliche Momente. Hier auf der Maurer Berghütte wird uns erst so richtig bewusst, dass wir nun 14 von 28 Tagesetappen der Originalroute bewältigt haben. Sibylle grübelt, wann genau wir uns eigentlich für diese Tour entschieden haben: »Seltsam, ich weiß es nicht mehr. Irgendwann stand einfach fest, dass wir es machen.« Eigenartig, auch ich kann mich nicht daran erinnern, wann wir tatsächlich den Entschluss gefasst haben. Wir wissen heute nur eines: Es war auf jeden Fall die beste Idee, die wir je hatten!

19. Wandertag: Rund um den Peitlerkofel
Maurer Berghütte – Schlüterhütte (9 Kilometer)

Vorgesehene Gehzeit 3:45 Stunden, Realzeit 4:45 Stunden

Nette kleine Überraschung: Axel und Felix sind zwar schon wieder unterwegs, haben uns aber ein kleines Bildchen gemalt, dieses auf den Frühstückstisch gelegt und weitere schöne Wandertage gewünscht. Am Ende werden sie die Strecke in 19 Tagen gelaufen sein.

Die heutige Etappe ist mit guten dreidreiviertel Stunden Gehzeit sehr moderat. Wir stellen außerdem fest, dass wir uns immer mehr Zeit lassen und langsam zu Genusswanderern werden. Fast bleibt einem aber auch gar nichts anderes übrig bei diesen grandiosen Panoramen. Der 2875 Meter hohe Peitlerkofel ist zwar nur der nordwestlichste Eckpfeiler der Dolomiten, für uns Flachlandbewohner ist das graue Bergmassiv mit seiner imposanten Doppelspitze aber so beeindruckend, dass wir unsere Blicke schon fast losreißen müssen, um uns wieder auf den Weg zu konzentrieren.

Am Würzjoch erkennen wir, was dem relativ einsamen Pfitscher Joch bevorgestanden hätte, wenn dort die Straße auf die österreichische Seite fortgeführt worden wäre. Ein Riesenhotel, Busparkplätze, Verkehrschaos, knatternde Motorräder und vor allem Menschenmassen. Die einen sind mitsamt Pfarrer zu einer Bergmesse unterwegs, die anderen checken im Hotel ein oder aus, andere starten fast schon mit Expeditions-Equipment eine Wanderung am Fuße des Peitlerkofels.

Wir biegen auf einen Weg ein, der immer schmaler und steiler wird. Die Strecke ist angenehm zu laufen, auch wenn es nach einiger Zeit rechts weit nach unten geht. Hinunterkullern möchte man hier nicht. Nach gut einer halben Stunde ist der felsige Einschnitt der Peitlerscharte zu sehen. Ein guter Weg führt relativ steil nach oben, erfordert einige Pausen, kann aber doch relativ flott bewältigt werden. Oben auf der Scharte bietet sich ein überwältigender Blick. Der Aferer Geisler, die Geislergrup-

118

19. Wandertag · Maurer Berghütte – Schlüterhütte

Unfassbare Ausblicke: Die Wunderwelt der Dolomiten zieht uns ab heute in ihren Bann.

pe, die Kapuzinerspitze und der Campill rahmen ein gewaltiges Bergpanorama ein. Dazwischen Hochalmen, satte Wiesen und kleine Holzschuppen.

Die Schlüterhütte, die nur gut eine halbe Stunde von der Scharte entfernt ist, ist das heutige Tagesziel und unerwartet schnell gegen 14 Uhr erreicht. Wir sind total fit und erwägen, doch noch weiterzugehen. Die Gehzeit bis zur Puezhütte beträgt nur viereinhalb Stunden und wir hätten den einen Regentag damit aufgeholt. Allerdings ist das Wetter unbeständig. Die dicken Wolken, die um die Geislerspitzen herumziehen, werden zwar immer wieder weggeblasen, aber es entstehen doch schnell neue Wolkenberge, die wir nicht deuten können.

Außerdem quengeln die Kinder. »Wir haben heute wirklich keine Lust mehr«, sagt Felix mit treuherzigem Blick und verrät dann, warum er tatsächlich hierbleiben will: »Da unten sind riesige Schaukeln.« Er hat die beachtlich hohen Spielgeräte vor der Schlüterhütte längst entdeckt und findet die nun viel interessanter als die Aussicht, weitere viereinhalb Stunden zu wandern. »Also, ich gehe auf keinen Fall weiter. Und wenn ich allein hier schlafen muss«, ist Lukas schon ein wenig kompromissloser. Der bevorstehende Klettersteig und die Alternative mit einem drahtseilgesicherten Übergang gibt schließlich den Ausschlag. Wenn es tatsächlich gewittert, könnte es gefährlich werden. Also bleiben wir. Auch wenn uns das, den heutigen Tag eingerechnet, wieder zwei Halbtagestouren beschert. Letztlich ist es egal. Zwei Genusstouren anstatt einer hektischen, eigentlich ist es das, was wir wollen. Und als Belohnung für diese Entscheidung gibt es anstatt Blitz und Donner jetzt Cappuccino und hausgemachten Apfelstrudel mit Vanillesoße.

Die ein wenig trutzig und doch einladend wirkende Schlüterhütte liegt auf 2306 Metern. Das vierstöckige, an den Hang gebaute Haus ist zwar groß, aber sehr gemütlich. Vor allem der holzgetäfelte Gastraum mit dem kleinen, altertümlichen Anbau, der ein bisschen wie ein Wintergarten wirkt, lädt dazu ein, ein wenig länger sitzen zu bleiben.

Da hier mitunter knapp 100 Übernachtungsgäste bewirtet werden, ist alles streng durchorganisiert. Pünktlich um 18:30 Uhr sollte der Gast hier sein, da die Bedienungen dann die Bestellungen für das Abendessen aufnehmen. Für die Kinder ist die Auswahl ganz einfach. Alles, was gesund sein könnte, scheidet aus. Somit bleiben Schnitzel, Spaghetti, Kaiserschmarrn und Hirtenmakkaroni, allenfalls eine Suppe ist hin und wieder genehm. 14 Tage lang kann das so gehen, kein Problem. Jeden Tag fragt Lukas mit stets frischer Begeisterung: »Gibt es Hirtenmakkaroni?« Und Felix versucht, Kaiserschmarrn als Hauptmahlzeit zu ergattern, obwohl wir ihm jedes Mal erklären, dass er etwas Vernünftiges braucht und keine Süßspeise als einzig warme Mahlzeit bei einer Wanderung wie dieser. »Trotzdem«, sagt er dann und meist endet die Diskussion mit dem Kompromiss, dass er zumindest eine Knödelsuppe isst und wir alle gemeinsam dann einen Kaiserschmarrn – was vor allem mich freut.

19. Wandertag · Maurer Berghütte – Schlüterhütte

Wenn die Schlüterhütte voll ist, wirkt sie wie ein Bienenstock. Überall schwirren Menschen umher, Stimmengewirr, Kindergeplapper, doch das Beste ist die ansteckend heitere Atmosphäre.

Bei uns am Tisch sitzt unter anderem ein knapp 50-jähriger Vater. Er läuft die Tour zusammen mit seinem 18-jährigen Sohn. Eine Studentin, die normalerweise allein wandert, hat sich den beiden inzwischen angeschlossen. Die drei verstehen sich prächtig und laufen zusammen, solange es passt. Die Schwestern Doris und Ina, die eine 27, die andere 30 Jahre alt, haben ebenfalls den München-Venedig-Reiseführer vor sich liegen. 17 Jahre lang haben sie in ihrem Elternhaus gemeinsam in einem Zimmer gelebt, alle Höhen und Tiefen des Erwachsenwerdens gemeinsam gemeistert. Jetzt sehen sie sich berufsbedingt nur noch ein paar Mal

Vom Peitlerkofel zur Schlüterhütte.

Vom Inntal in die Dolomiten

im Jahr, da die eine in Berlin, die andere in Frankfurt wohnt. Da war die Idee zu dieser Wanderung eine wunderbare Gelegenheit, wieder ein bisschen zueinanderzufinden und sich auszutauschen. »Klar zoffen wir uns manchmal«, sagt Ina – vorsichtshalber als ihre ältere Schwester gerade nicht am Tisch ist –, »aber das passt dann kurz danach schon wieder.«

Wir als Familie sind auf dem Traumpfad natürlich ein Sonderfall, was das Ganze nicht immer einfacher macht, nachdem lediglich Sibylle und ich gänzlich freiwillig losgegangen sind und unsere Jungs sich gerne auch mal widerborstig zeigen. Das beginnt bei der Frage, wer im Stockbett oben schlafen darf (»Ich war gestern unten.« – »Du lügst!« – »Du bist doch selbst ein verdammter Lügner!« – »Mama, der beschimpft mich.«), kann weiterführen zu ebenso unvermuteten wie in diesem Moment unpassenden Grundsatzdiskussionen über den Sinn des Wanderns (»Mit dem Auto fahren ist viel schöner«) und endet bei heftigeren Auseinandersetzungen meist mit dem Satz: »Ihr wolltet schließlich wandern gehen. Wir wollten das nie!«

Schaukeln mit Bergblick vor der quirligen Schlüterhütte.

Felix ist ein spezieller Fall. »Mama, ich kann nicht mehr«, sagt er gerne einmal und setzt sich hin. Das geschieht in einer gewissen, fast täglich eintretenden Regelmäßigkeit. Und weil er schlau ist, traktiert er damit ausschließlich Sibylle. Er weiß ganz genau, dass er von seinem Vater, der gerade inmitten einsamer Bergwelt und weit von der nächsten Hütte entfernt die Aussicht genießt, allenfalls eine rationale Antwort erwarten kann. Die sieht dann etwa so aus: »Verstehe ich schon. Aber was schlägst du vor? Im Freien und auf dem Berg übernachten? Und was machen wir, bis es dunkel wird? Und dann wird es kalt. Und was sollen wir essen?« Beim Schreiben dieser Zeilen muss ich über mich selbst schmunzeln. Wahrscheinlich hat Sibylle mit ihren stets tröstenden Worten wohl doch den besseren Weg gewählt. Der hilft Felix im wahrsten Sinne des Wortes weiter – wahrscheinlich wollte er einfach nur einmal in den Arm genommen werden. Ich gelobe, künftig einfühlsamer zu sein.

Ein kleines Highlight an jedem Abend ist eine selbst erfundene Piratengeschichte, die ich den Kindern erzähle. Erst war es schwierig, auf der Bettkante zu sitzen, zwei oder drei Stichwörter wie »Goldschatz«, »dunkler Hafen« oder »Überfall« zu erhalten und dann mit einer improvisierten Zehn-Minuten-Geschichte für Spannung zu sorgen. Aber es geht, sogar täglich ein bisschen besser, und macht immer mehr Spaß. Keine Frage, dass es für die Jungs viel schöner ist, mit dem Kopf voller Abenteuer in den Schlaf geschickt zu werden. Zu Hause gilt der letzte Gedanke oft genug den neuen Vokabeln, die schnell noch einmal durchgelesen werden müssen. Jeden Tag wird uns klarer, wie gut es ist, dass wir unterwegs sind.

20. Wandertag: Hochalpine Genusstour
Schlüterhütte – Puezhütte (10 Kilometer)

Vorgesehene Gehzeit 4:30 Stunden, Realzeit 5:45 Stunden

Als wir gegen neun Uhr loslaufen, ist die Schlüterhütte nahezu verlassen. Hunderte Wanderschuhe, die bis vor einer Stunde noch im Vorraum trockneten, sind längst unterwegs. Geblieben ist ein Hauch der fröhlichen Stimmung, die eben noch in der Gaststube herrschte. Kein ruhiges Frühstück in halb ausgeschlafener Schlappheit, sondern ausgelassenes Geplapper, überall glänzende Augen und eine fast kindliche Vorfreude auf einen erlebnisreichen Tag. Als hätten heute alle Geburtstag.

Auch diese Etappe beginnt mit spektakulären Ausblicken. Im Norden erhebt sich hinter weiten Tälern und ausgedehnten Wiesen der Peitlerkofel. Im Süden dann die scheinbar unüberwindliche Puezgruppe, rechts davon die kantigen Geislerspitzen. Imposante Riesen sind das mit ausladenden Schutthügeln zu ihren Füßen. Und genau dazwischen müssen wir durch. Das erscheint im Moment allerdings abwegig. Zwischen den Hunderten, nein, Tausenden von schroffen Spitzen und Zacken des brüchigen Schlerndolomites, die sich bis auf knappe 3000 Meter erheben, kann es auf den ersten Blick kein Durchkommen geben. Bei genauer Betrachtung allerdings ziehen sich die Zickzacklinien eines schmalen Pfades durch ein gewaltiges Schuttkar. Während mir schon fast der Angstschweiß ausbricht, bleibt Felix ganz cool: »So schlimm sieht das gar nicht aus.« Gut, dass ich nichts gesagt habe.

Zuvor aber erwartet uns eine Wiesenwanderung über sanfte Bergrücken. Rechts und links des Weges wächst Edelweiß im Überfluss. »Sind die schön«, staunt Felix, als er den zarten Flaum einer Blüte berührt. Nur ungern lässt er sich ausreden, die geschützten Pflanzen zu pflücken.

Wir sind überrascht über die enorme Ausdauer, die wir uns in den letzten Tagen zugelegt haben. Der Aufstieg über den Zickzackweg ist ohne

20. Wandertag · Schlüterhütte – Puezhütte

Ein Anblick, um innezuhalten und ein paar Minuten zu genießen.

Zweifel konditionell anspruchsvoll, aber wir kommen sehr gut voran. Oben an der Roascharte auf 2616 Metern angekommen, ist der Blick noch faszinierender als die Tage zuvor. Wir müssen uns hier entscheiden. Links an einer Felswand entlang geht es zu einem Klettersteig, den ich ein wenig fürchte. Die Alternative ist der gut eine halbe Gehstunde vor uns liegende Abstieg ins Roatal und der darauf folgende Aufstieg zur Sielles-Scharte. Da uns noch immer der Absturz an der Friesenbergscharte im Hinterkopf umherschwirrt, wählen wir die vermeintlich gefahrlosere zweite Variante. Plötzlich aber stehen wir vor vier drahtseilgesicherten Stellen. Wir hangeln uns an dem Stahlseil und den Felsen entlang, hinter uns geht es steil nach unten. »Ich will, dass ihr euch nur auf euch konzentriert«, mahne ich die Kinder: »Keine Unterhaltungen jetzt.« Der Klettersteig wäre wahrscheinlich auch nicht schwieriger gewesen. Felix ist sauer: »Das schaffe ich auch ohne Sicherung.« Aber ich

Vom Inntal in die Dolomiten

bin durch den Absturz sensibilisiert: »Du kommst ans Seil, keine Diskussion!« Kurz danach ist die Passage geschafft und wir sind froh, als das Gelände nun wieder flacher wird.

Der Weg bis zum Grödnerjoch ist einer der eindrucksvollsten auf der ganzen Wanderung, Platz zwei auf der Rangliste vermutlich. Die spektakulären Panoramen der nächsten zwei bis drei Stunden am Fuße der Puezspitzen sind es wert, mit viel Zeit und in Ruhe genossen zu werden. Es geht über eine ausgedehnte, steinige Hochebene, auf der unzählige Versteinerungen zu finden sind. Interessant sind auch die verschiedenfarbigen, eigenartig geformten Schlackebrocken.

Felix will mich mit flehendem Blick überzeugen, einen gut zwei Kilo schweren Stein, der eine besonders schöne längliche Form sowie eine eigentümliche sandsteinfarbene Beule aus Schlacke hat, für ihn mitzunehmen: »Erstens wandern wir jetzt ohnehin nur noch drei Tage und zweitens würde ich mir den auf den Schreibtisch stellen«, sagt er, »der kann mir beim Lernen helfen. Immer wenn ich nicht gut bin, sehe ich mir den unteren Teil, also das Tal an, und wenn ich mich

Der Aufstieg zur Roascharte ist schweißtreibend.

super konzentrieren kann, schaue ich die Spitze an. Dann ist es, als ob ich auf einen Berg gehe.« Ich kann der Logik dieses Gedankens zwar allenfalls teilweise folgen, erkenne aber immerhin, dass ich hier gewaltig über den Tisch gezogen werden soll – und gebe trotzdem nach. Der Stein wird eine bleibende Erinnerung an diese Wanderung sein und das ist es sicher wert. Felix jubelt, als ich »Ja« sage, ich werde umarmt und gedrückt. Ganz genau schaue ich mir mit dem kleinen Gauner die Stelle, an der er den Stein gefunden hat, und die Umgebung an. Wenn ich ihn schon schleppe, soll Felix mit dem Schlackebrocken auch das Bild verbinden, wo er einmal lag. Trotzdem beobachte ich meinen Lausbuben heimlich aus den Augenwinkeln, ob er nicht etwa feixt, weil er mich so mühelos weichgeklopft hat, und trage nun, nachdem ich sogar das Rasierzeug aus Gewichtsgründen daheim gelassen habe, wie Obelix einen kleinen Hinkelstein durch die Gegend.

Die Hochebene ist schon allein deshalb so faszinierend, da sie an ihrer Kante schroff in das gut 700 Meter tiefer gelegene, von Eiszeitgletschern modellierte Langental abbricht. Weit hinten in dem breiten Talkessel ist Wolkenstein zu erkennen, die letzte Ortschaft des Grödnertals. Wie durch ein oben offenes Felsenfenster von etwa 40 auf 40 Metern schweift der Blick ins Tal. Man muss sich einfach hinsetzen und ein paar Minuten innehalten. Zumal auf der anderen Seite das nächste Tagesziel zu sehen ist: das Grödnerjoch und dahinter der mächtige Felsbrocken des Sellastocks.

Plötzlich bleibt Lukas stehen und winkt aufgeregt. Knapp drei Meter vor ihm hebt ein großes Murmeltier seinen Kopf zwischen den Steinen nach oben und schaut ihn an. Es hat keinerlei Angst, duckt sich wieder nach unten, taucht erneut auf. Erst als wir alle vor ihm stehen, trollt es sich. Ganz langsam. Als wären wir einfach nur lästig, wie wir da stehen, schauen und fotografieren. »Toll, dass wir so nahe herangekommen sind«, freut sich Felix, der heute ohnehin bestens aufgelegt ist. Das Wandern auf dieser schönen Hochebene scheint ihm richtig Spaß zu machen. Erst recht, als bereits gegen 15:30 Uhr unser Tagesziel, die Puezhütte, in Sicht kommt.

Ein Schmuckstück ist der 70er-Jahre-Bau mit seinem lauten, gefliesten Gastraum nicht gerade. Aber es ist ohnehin schöner, sich noch in die Sonne zu setzen. Dazu ein Cappuccino und ein traumhafter Wandertag neigt sich dem Ende zu. Lukas verzieht sich mit seinem MP3-Player nach drinnen. Das ist schon deshalb kurios, da er zum einen auf die angenehm warme Abendsonne verzichtet und sich zum anderen ein Plätzchen direkt neben einer Horde Karten spielender und schnapselnder Oberbayern ausgesucht hat. Die haben schon mächtig getankt, lachen, spielen und unterhalten sich nur noch brüllend. Daneben sitzt Lukas und lauscht Detektivgeschichten.

Während Sibylle später noch ein wenig liest, sucht Felix Mineralien und Versteinerungen an einem kleinen Bach. Der ist momentan nur ein besseres Rinnsal, das aber immer neue Gesteinsschichten freilegt. Euphorisch kommt Felix angerannt. »Schau mal«, hält er mir eine durchaus beachtliche Schnecke entgegen, die hier vor Zehntausenden von Jahren den Tod fand. Damit hat er mich mit seiner Sammellust angesteckt. Gemeinsam suchen wir sicher noch eine Stunde unter Felsen, Geröll und in dem eiskalten Wasser nach weiteren Versteinerungen. Immer wieder finden wir versteinerte Ammoniten, diese längst ausgestorbenen marinen Kopffüßer, aber auch schöne Steine, gelbliche oder rötliche Schlacken und kleine Kristalle. Felix ist sich sicher: »Das nehme ich alles mit.« Er deutet an, dass ich ihm ja helfen könnte. »Ich schleppe schon deinen Riesenbrocken«, weigere ich mich strikt.

Pünktlich um 18:30 Uhr gibt es Essen. Alle müssen sich an der Theke anstellen, wie in einer Kantine erhält man seine Nahrung auf einem Tablett. Stilloser geht es nicht. Der Lärmpegel im Gastraum wird nach dem Essen bald so unerträglich, dass ich mit den Kindern noch zu einer kleinen Wanderung aufbreche. In der beginnenden Dämmerung steigen wir gut 15 Minuten auf den kleinen Berg direkt neben der Hütte, der anstatt einer Spitze eine grasbewachsene, gerade für drei oder vier Personen ausreichende Kuppe aufweist. Der steile Aufstieg kostet nur ein paar weitere Schweißtropfen an diesem Tag, die Belohnung dafür ist eine spektakuläre Aussicht. Unter uns liegt die Puezhütte, der Blick schweift weit über die tiefe Kerbe, die das Langental in die Hochebene gezogen hat, bis nach Wolkenstein. Hinter uns reckt sich der Puezkofel mit seinen 2725 Metern erhaben in die Höhe und in Richtung Süden ist ein Teil der Wanderstrecke des morgigen Tages bis zum alles dominierenden Sellastock zu sehen. Glutrot geht die Sonne unter, es ist ein stiller

20. Wandertag · Schlüterhütte – Puezhütte

Beeindruckend: die schroffen Kanten des gewaltigen Langentals. Im Hintergrund ist Wolkenstein zu sehen.

kleiner Moment. Nur die beiden Jungs und ich, Arm in Arm, den Blick auf den Sonnenuntergang, jeder schweigend in seine Gedanken versunken. Ein echter Traumpfad-Moment, unvergesslich.

21. Wandertag: Kletternd auf das Sellamassiv

Puezhütte – Pisciaduseehütte (11 Kilometer)

Vorgesehene Gehzeit 4:30 Stunden, Realzeit 6:30 Stunden

Gegen 6:45 Uhr wird es unruhig in der Hütte. Nebenan im Gastraum klappert der Wirt mit Geschirr und über uns beginnt das längst vertraute Rumpeln, wenn Wanderer sich stets ein wenig eilig fertig machen, die Rucksäcke packen und dann mit ihren schweren Bergstiefeln nach unten kommen.

Unsere Rucksäcke sind durch die vielen Steine mittlerweile ziemlich schwer, aber da müssen wir jetzt durch. Spätestens am Passo Pordoi, also in zwei Tagen, wird für dieses Jahr Schluss sein. Falls das Wetter nicht mitspielt, werden wir schon heute zurückfahren. Ganz gemächlich durchlaufen wir die Hochebene zum Ciampai-Joch. Es verbietet sich in dieser grandiosen Landschaft aber auch, schneller als unbedingt nötig zu gehen. Wir umrunden das hintere Ende des Langentales und freuen uns immer wieder über die spektakulären Ausblicke in die kilometerlange Schlucht weit unter uns. Faszinierend ist aber auch der Panoramaweg zwischen dem Crespeina-Joch, dem Cirjoch und dem Abstieg zum Grödnerjoch. Diese schroffen Felszacken, das schmale Cirjoch mit seinem berühmten knorpeligen Holzkreuz aus Zirbenholz, die tiefen Schluchten und dann der fast schon Furcht ein-

Blick zurück auf die Puezhütte.

21. Wandertag · Puezhütte – Pisciaduseehütte

flößende Blick aufs Sellamassiv, sind mit die eindrucksvollsten Fotomotive in den Dolomiten.

Kurz darauf haben wir ein Problem. Die Kinder wollen nicht mehr. Wir hatten den Jungs gegenüber unvorsichtigerweise erwähnt, dass wir im Falle schlechten Wetters bereits vom Grödnerjoch aus heimfahren könnten, und jetzt ist der Teufel los. Die Sonne strahlt zwar bei herrlichstem Sommerwetter vom Himmel, es ist also klar, dass wir noch eine Etappe weitergehen werden, aber die Kinder möchten zurück, und zwar auf der Stelle. Lukas ist völlig außer sich. »Ich gehe keinen Schritt mehr weiter«, kündigt er weinend an. Auch Felix kullern dicke Tränen über seine wunderbar runden Backen. »Wir haben so sehr gehofft, dass wir aufhören können«, klagt Lukas, der sich schon am Meer sitzen sieht.

13 Tage am Stück zu wandern ist selbst für uns Erwachsene eine Herausforderung. Für Kinder, die mit den landschaftlichen Schönheiten nicht so viel anfangen können, ist es doppelt anstrengend. Ich finde es ohnehin beachtlich, dass sie so gut mitmachen. Als ich ihnen zeige, dass wir »nur« noch auf den Sellastock hinaufmüssen, der sich in zugegebenermaßen irrwitziger Größe hinter ihnen auftürmt, und tags darauf ohnehin Schluss ist, ist das kein Trost.

Da müssen wir drüber: Auf dem Grödnerjoch wird das Ziel der nächsten Stunden deutlich.

Entsetzt schaut Lukas zu dem gewaltigen Bergmassiv hinauf. »Da kommen wir nie hoch«, sagt er und beginnt erneut zu schluchzen.

Irgendwie kann ich ihn verstehen. Wer auf dem Grödnerjoch steht und das Sellamassiv vor Augen hat, der ahnt zumindest, dass hier eine klei-

Vom Inntal in die Dolomiten

ne Strapaze ansteht. Vorsichtig versuche ich daher, die Jungs einzuwickeln. »Wenn wir weitergehen, gibt es bei dem Kiosk da unten ein Eis«, locke ich, weil mir spontan nichts Besseres einfällt. Das funktioniert seltsamerweise. Gnädig gehen sie mit uns zum Kiosk und entnehmen dem Kühlfach mit vorwurfsvoller Miene das größte Eis, das sie auf die Schnelle finden können. Als wir auch noch Schokodips mit Keksen kaufen, die wir als Prämie für den Aufstieg aussetzen, verziehen sich die dunklen Wolken wieder. Ich frage mich, wie lange so etwas noch funktioniert. Aber jetzt schnell weg hier. Nicht, dass plötzlich der Bus in Richtung Tal auftaucht und die frischen Wunden wieder aufreißt.

Als wir die Scharte sehen, durch die wir nach oben müssen, sind wir fassungslos. Fast senkrecht, so scheint es uns, geht es hinauf. Unser Weg führt zunächst über ein gewaltiges Schuttkar und dann ein erhebliches Stück an einer mit Drahtseilen gesicherten Felswand himmelwärts.

Kleine Kletteretappe: Mancher kraxelt mit dem Hund unter dem Arm nach oben.

Noch fassungsloser sind wir allerdings kurze Zeit später, als wir sehen, wie viele Menschen hier unterwegs sind, und vor allem, wie sie ausgerüstet sind. Die Pisciaduseehütte scheint wie die Puezhütte ein Samstagnachmittagsziel vieler italienischer Ausflügler zu sein. Auch wenn der Aufstieg hier weit schwieriger und seilversichert ist, kraxeln italienische Großfamilien in Badelatschen und mit dem Hund unter dem Arm nach oben. Es fehlt nur noch, dass einer mit einem Kasten Bier, Transistorradio und Sonnenliege daherklettert. Im Gegensatz dazu kommt uns eine kernige Südtiroler Familie in voller Klettersteigmontur entgegen, was nun auch wieder ein wenig übertrieben wirkt. Harmlos ist die Passage jedoch nicht, es geht schon mal zehn oder 20 Meter nach unten. Wären wir allein unterwegs, wäre der Aufstieg sicher einfach. Aber hier steht Mann an Mann, die eine Gruppe kommt von oben, die andere von unten. Wenn jetzt einer stürzt, spielen wir alle unfreiwillig Domino.

Umso angenehmer, endlich oben zu sein. Klitschnass geschwitzt sind wir, dafür entlohnt uns eine betörende Aussicht über das untere der beiden Sella-Hochplateaus und das nun weit unter uns liegende Grödnerjoch für die Mühen. Auf der anderen Seite ragen die Cirspitzen in die Höhe und dahinter der Puezkofel. Das in etwa war unser Ausgangspunkt vor ein paar Stunden. Unfassbar. Es ist nach wie vor faszinierend, wie schnell man doch zu Fuß unterwegs ist. Nur noch wenige Gehminuten auf dem unteren der beiden Sella-Hochplateaus, dann taucht die Pisciaduseehütte zwischen all den Felsen auf.

Es ist eine einzige Mondlandschaft hier oben. Die ist allerdings so bizarr, dass sie sogar Sibylle gefällt. Normalerweise kann sie mit Gesteinswüsten gar nichts anfangen, sie liebt grüne Wiesen und sanfte Hügel. Hier ist auch sie beeindruckt. »Es ist trotz der Ödnis irgendwie herrlich hier«, schreibt sie später in ihr Tagebuch. Vor allem, als die einladende Hütte mit ihrer großen und sonnenüberfluteten Holzterrasse auftaucht, von der aus der Blick auf den Pisciadusee fällt. Ein kleiner Stausee ist das, der zur Stromgewinnung genutzt wird und die mächtigen Sellatürme widerspiegelt. Ein fesselnder Ort, an dem man lange sitzen bleiben kann. Die Jungs bekommen heiße Schokolade und ihre (für mich ungenießbaren) Schokodips, Sibylle und ich Cappuccino und den geliebten Apfelstrudel. Wir haben Glück, dass die Sonne scheint, denn es kann hier, auf 2585 Metern Höhe, auch tagsüber empfindlich kalt werden. Die Kinder erforschen die Ufer des Sees, schmeißen Steine und spielen Fußball. Der Ball ist noch immer dabei, auch wenn er ob der meist dramatisch abfallenden »Spielfelder« nur noch selten benutzt wird.

Sibylle und ich sind heute in einer gelassenen, aber sehr angenehmen Stimmung. Wir schlendern um die Hütte, setzen uns auf Steine, schauen lange in die Ferne oder unterhalten uns entspannt und intensiv mit den Jungs. Vielleicht stimmt es wirklich, dass das Sellamassiv ein magischer Ort ist. So weit über und fernab der Welt fliegen die Gedanken höher als in der Enge des Tales.

Allen ist klar, dass heute unser letzter Nachmittag in den Bergen ist. Die Atmosphäre schwankt ein bisschen zwischen leichter Trauer, morgen von den Dolomiten Abschied zu nehmen, und dem Stolz, auf etwas Großes zurückzublicken. Die letzten 13 Tage waren für uns Stadtmenschen wirklich außergewöhnlich. Wir sind zufrieden und vor allem positiv überrascht, mit der verrückten Idee, von München nach Venedig zu laufen, so unendlich weit gekommen zu sein.

Erst Monate später wird den Burschen klar, wie weit wir in diesen 14 Tagen tatsächlich gewandert sind. Als wir im November von einer Urlaubsreise zurückkehren, fliegen wir vor der Landung in Salzburg kurzzeitig fast parallel zur Brenner-Autobahn. Dabei zeige ich den Jungs das Inntal und unseren Ausgangspunkt Tulfes und sie erkennen die gesamte Dimension dieser Tour. »Das ist Wahnsinn«, kann es Felix gar nicht fassen, »da sind wir drübergelaufen.« Spätestens in diesem Moment hat er seine Liebe zu den Bergen und zum Traumpfad entdeckt.

Ich bin ganz sicher, dass der Weg für unsere Kinder so einprägsam ist, dass sie ihn irgendwann, vielleicht sogar mit ihren eigenen Kindern, erneut laufen werden. »Nein, niemals«, sagt Lukas entrüstet: »Ich bin doch nicht verrückt.« Felix ist da, glaube ich, nicht so sicher und sagt vorsichtshalber gar nichts.

Der letzte Hüttenabend neigt sich dem Ende zu. Es wird dauern, bis wir wieder so innig und intensiv, wie es eben nur in den Bergen möglich ist, als Familie zusammen sein werden. Zu Hause ist stets etwas zu tun oder man ist gefangen von Verpflichtungen. Hier oben gibt es keine Alternativen. Wir sind im positivsten Sinne gezwungen, uns miteinander zu beschäftigen.

Sibylle und ich gehen noch einmal nach draußen, bewundern die Sellatürme und den See, der im Mondschein glitzert. Es ist eine kalte, sternenklare Nacht. Auch der Wirt ist auf der Terrasse. Schweigend nehmen wir drei den betörenden Moment in uns auf. Es muss tatsächlich etwas

21. Wandertag · Puezhütte – Pisciaduseehütte

Der Sellastock mit dem Piz Boè ist einer der markantesten Berge in den Dolomiten.

Außergewöhnliches an diesem Ort sein, wenn selbst der Wirt, der seit Jahrzehnten hier oben ist, dem Zauber täglich aufs Neue erliegt.

22. Wandertag: Der erste Dreitausender
Pisciaduseehütte – Passo Pordoi (9 Kilometer)

Vorgesehene Gehzeit 5 Stunden, Realzeit 6:30 Stunden

Irgendetwas ist rot im Zimmer und davon wache ich auf. Es ist lange vor 6:30 Uhr, der Zeit, zu der wir eigentlich aufstehen wollen. Ich blicke aus dem Fenster und erlebe einen unvergesslichen Moment. Es ist Sonnenaufgang, doch ich sehe nur himmelhohe, steil nach oben ragende Felswände, feuerrote Felswände, von der Morgensonne angemalt. Daneben die Hochebene und den dahinter glatt daliegenden See, ebenfalls in rötliches Licht getaucht. Jede Kante, jede Kontur leuchtet rot, man kann

> Mit 3152 Metern ist der **Piz Boè** der leichteste Dreitausender der Dolomiten. Der Blick ist bei gutem Wetter überragend. Der stark bebaute Gipfel ist von der Bergstation der Seilbahn in gut einer Stunde zu erreichen. Es gibt aber auch einige schwierigere Wegvarianten nach oben, die teilweise mit Drahtseilen gesichert sind. Seit 1969 befindet sich die Capanna-Fassa-Hütte auf dem Gipfel.

den Blick kaum mehr abwenden. Jetzt glaube ich endgültig, dass es stimmt, was der Bergphilosoph Heinz Grill einst behauptete: »Berge kann man fühlen.«

Ein letztes Mal die Rucksäcke gepackt – die Kinder erledigen das inzwischen weitgehend selbstständig –, dann steht die abschließende Etappe dieses Jahres an. Ich bin ganz erpicht darauf, mit dem Piz Boè meinen ersten Dreitausender zu besteigen. Felix ist auch sehr interessiert, Sibylle skeptisch und Lukas träumt inzwischen nur noch von Kroatien, wo wir in zwei Tagen sein werden. Wenn ich in seine Augen blicke, kann ich das Meer sehen.

Bis zur Boehütte sind es zwei Stunden und knapp 300 Höhenmeter. Die Kinder stört es nicht. Sie wissen, heute geht es auch wieder nach unten. Kurz vor dem Hochplateau finde ich eine daumengroße Versteinerung. Sie sieht in etwa wie das Hinterteil einer Raupe aus und erinnert uns daran, worauf wir hier stehen: einem Korallenatoll, das einst vom lau-

22. Wandertag · Pisciaduseehütte · Passo Pordoi

warmen Wasser des Triasmeeres überspült war. Die Dimensionen sind kaum fassbar, wenn man von dieser Höhe aus über halb Südtirol blickt und sich vorstellt, dass all das überschwemmt war von einem riesigen Ozean. Die Kinder sind sehr beeindruckt und realisieren, auf dem einstigen Meeresboden mit Fischen, Muscheln und Wasserpflanzen zu stehen. In ihrer Fantasie ist die Mondlandschaft des Sellastocks plötzlich zum Leben erwacht.

Dann ein ganz besonderes Erlebnis: Ich kann mir in dieser spektakulären Einöde nur wenig Skurrileres vorstellen als diesen Jogger, der uns geradewegs entgegenkommt. Auf die Idee, in dieser Steinwüste in dünnen Sportschuhen zu laufen, wäre ich sicher nicht gekommen. »Schau mal, ein Jogger«, rufe ich Sibylle zu und ernte einen mitleidigen Blick. »Nein, wirklich, schau halt«, zeige ich ihr die Richtung und sie bricht in Lachen aus. Der Anblick ist so kurios, dass wir kaum an uns halten können, als er an uns vorbeihetzt und grüßt. Lukas und Felix schauen dem Mann lediglich irritiert hinterher. Für sie ist schon der Sinn des Wanderns ein kleines Rätsel, hier oben zu joggen können sie nun gar nicht fassen. »Der spinnt«, sagt Felix und läuft kopfschüttelnd weiter. Erwachsene müssen seltsame Menschen sein.

Vor allem, wenn sie auf 2871 Metern an der Boehütte stehen und nun meinen, unbedingt auch noch auf den Piz Boè mit seinen 3152 Metern kraxeln zu müssen. Lukas versteht die Welt nun gar nicht mehr. »Warum das auch noch? Wir sind doch schon weit genug oben«, wehrt er sich. »So ein Schmarrn. Ich gehe da nicht rauf.« Ich versuche, ihn mit Engelszungen zu bewegen, seinen ersten Dreitausender zu erklimmen, doch er will nach den letzten 14 Tagen nur noch eines. Auf null Meter über dem Meeresspiegel die Angel auswerfen.

Felix geht mit. Wahrscheinlich schon deshalb, weil er mit Mama und Papa und ohne seinen Bruder hinaufdarf. Die Verlockung, seinen ersten Dreitausender zu besteigen, reizt ihn aber schon auch. Außerdem verspreche ich jedem, der die Capanna-Fassa-Hütte erreicht, eine Stocknadel vom Piz Boè. So etwas zieht bei Felix immer. Also legt er das Klettersteigset an, ich binde mir Luis-Trenker-mäßig in langen Schleifen das

137

Vom Inntal in die Dolomiten

Seil um und wir gehen los. Lukas bleibt ob der Verzögerung etwas grantig zurück, lauscht seinem MP3-Player und ist zumindest froh, in Ruhe in der Sonne sitzen zu dürfen.

Nach 45 Minuten sind wir oben. Nur mit dem Fernblick haut es nicht mehr so recht hin, da riesige Nebelwolken am Berg entlang zum Gipfelhaus aufsteigen. Die Illusion eines einsamen Bergerlebnisses können wir ebenfalls vergessen. Auf der kleinen Plattform und der Terrasse der Hütte geht es zu, als hätte jemand soeben einen Bus Touristen ausgeschüttet. Alles ist voll, quasselt, fotografiert, filmt und ist fürchterlich aufgeregt, auf dem Dreitausender zu stehen. Nur wir nicht, wir sind ein wenig enttäuscht.

Der Grund für den Rummel ist, dass es neben dem ohnehin recht leichten Aufstieg, den wir genommen haben, einen noch viel einfacheren von der Südseite gibt, der direkt ab der Seilbahn des Passo Pordoi hierherführt. Also geht hier jeder hoch, der noch einigermaßen zu Fuß ist.

Der Blick vom Piz Boè ist beeindruckend.

Da mich hektische Menschenaufläufe nervös machen, kaufe ich schnell die Anstecknadeln (Sibylle schreibt später in ihr Tagebuch: »Ich kriege ungefragt auch eine.«) und dann geht es wieder nach unten. Es soll kein falscher Eindruck entstehen. Wir freuen uns noch heute über unseren ersten Dreitausender. Bei schönem Wetter und ohne die Touristen-Rushhour an einem Sonntagmittag ist es hier oben sicherlich beeindruckend.

Die Hütte kann aber auch zur Falle werden, wie eine unglückliche Wanderin berichtete. Mit ihrem Mann und noch ein paar Kameraden wur-

22. Wandertag · Pisciaduseehütte - Passo Pordoi

de sie im August auf der Hütte eingeschneit. Am nächsten und am übernächsten Tag war es nicht möglich abzusteigen, da sich Eisplatten auf den Wegen nach unten gebildet hatten. Aufgrund der jähen Abgründe, die sich rechts und links der Pfade nach unten auftun, wäre eine Rutschpartie zweifelsohne tödlich gewesen.

Nach einer mühelosen Wanderung über die Sellaplatte steigen wir, nachdem wir Lukas wieder aufgesammelt haben, durch die schroffe Pordoischarte die letzten 600 Höhenmeter ab. Fröhlich laufen wir durch das riesige Geröllfeld mit den mächtigen Bergflanken rechts und links nach unten. Immer vorsichtig und mit den Stöcken, die wir als Stütze einsetzen. Plötzlich kullern von links Steine, irgendjemand rast den Berg herunter. Zwei völlig durchgeknallte Typen rennen im Laufschritt abseits aller Wege geradeaus das Geröllfeld hinunter. Immer auf direktem Weg, ohne jede Kurve und irgendwann ob ihrer Geschwindigkeit auch ohne jede Bremsmöglichkeit. Während der eine zumindest normal gekleidet und mit Stöcken unterwegs ist, hat der andere, ein älterer Mann von etwa 60 Jahren, lediglich eine pinkfarbene Badehose und Sportschuhe an. So sind die 600 Höhenmeter natürlich etwas flotter zu bewältigen. »Cool«, lacht Lukas und wir verbieten strikt, das auch nur ansatzweise nachzumachen. Auf den letzten Metern und kurz vor der Haltestelle, von der aus wir per Bus und Bahn zurück ins Inntal fahren, machen uns die Kinder das wunderbarste Geschenk, das ich mir nach den 14 Tagen vorstellen kann. Sie erklären, dass es ihnen richtig Spaß gemacht hat. »Die Murmeltiere waren so toll«, sagt Felix. »Und überall haben wir Versteinerungen gefunden.« Lukas konnten vor allem »die flachen und kurzen Etappen« begeistern. Die Kartenspiele und das Zusammensein abends in der Hütte fanden beide schön. Jetzt bin ich gerührt und richtig glücklich. Ich weiß, dass diese Wanderung das intensivste, wenn auch anstrengendste Gemeinschaftserlebnis unseres Zusammenlebens als Familie bleiben wird. Es dürfte nicht mehr lange dauern, bis die Jungs in ihren Schulferien eigene Wege gehen werden. Der Weg von München nach Venedig aber wird immer als ein Fixpunkt unserer gemeinsamen Zeit erhalten bleiben.

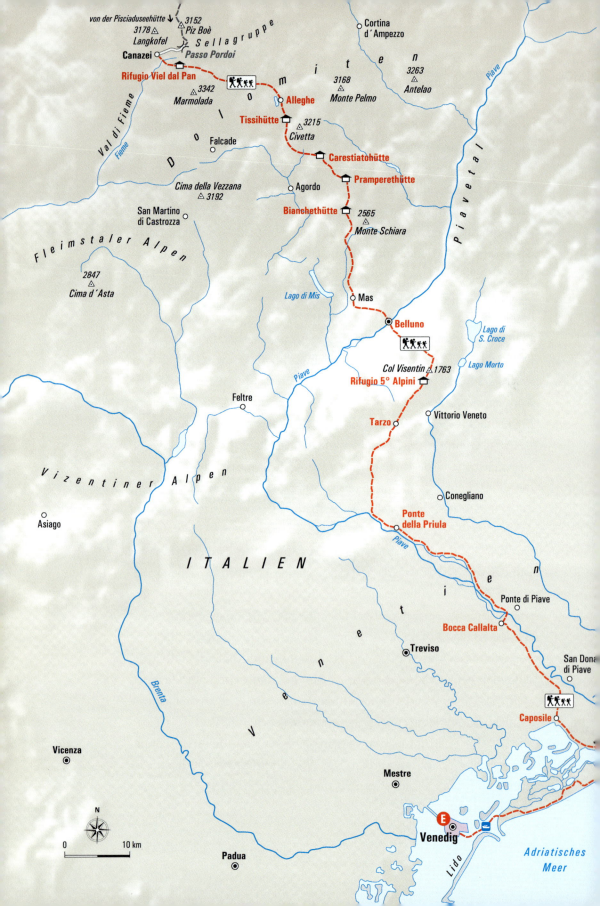

23. Wandertag · Canazei – Rifugio Viel dal Pan

Von den Dolomiten nach Venedig

23. Wandertag: Unvergessliche Panoramen
Canazei – Rifugio Viel dal Pan (6 Kilometer)

Vorgesehene Gehzeit 2 Stunden, Realzeit 3 Stunden

»Diesmal kommen wir nach Venedig«, freut sich Felix schon seit Wochen, dass es wieder losgeht. Lukas dagegen sinniert auch ein Jahr später, vor dem letzten großen Abschnitt des Traumpfades, weiter darüber, ob das Wandern nicht doch ein rechter Schmarrn ist.

Sibylle und mir geht es wie den meisten Eltern: Die Zeiten werden immer chaotischer und anstrengender. Der Schulstress trifft nicht nur die Kinder, sondern auch uns. Verpflichtungen, Termine, pubertäre Auseinandersetzungen und zunehmende berufliche Arbeitsbelastung machen diese Lebensphase unruhig und hektisch.

Genau die richtige Zeit also, alles hinter sich zu lassen, den Rucksack zu schultern und den Bergen entgegenzublicken. Um, auch im übertragenen Sinne, auf ganz anderen als den gewohnten Wegen zu gehen. Wir tauschen den Verkehrslärm der Stadt, die Hektik gegen das Zirpen der Grillen auf einer Bergwiese, das Quaken der Frösche in einem Tümpel und das ruhige Plätschern eines klaren Gebirgsbächleins.

Das Auto und der Wohnwagen bleiben diesmal in Canazei am Seil-

Wieder unterwegs: Es ist schön, den Alltag für einige Zeit hinter sich zu lassen.

141

bahnparkplatz stehen und wir schweben langsam nach oben. Zumindest bis zur Mittelstation. Die ersten Meter haben es gleich mal in sich und wir keuchen ganz gewaltig. Sibylles Kopf ist nach einer guten halben Stunde so rot, dass er auch als Leuchtboje durchgehen würde, und die Kinder beginnen ob der ungewohnten Steigung bereits jetzt zu schimpfen. »Ich hab ja gleich gesagt, dass wir mit der Seilbahn ganz nach oben fahren sollen«, motzt Lukas und wirft mir einen zornigen Blick zu. Ich muss ihm recht geben, aber nur im Geheimen. Ich fasse einen Beschluss, der ihm gefallen würde. Von mir aus sollen die Puristen jeden Meter nach oben stapfen und dann völlig fertig den Rest der Etappe gehen. Wir werden künftig Seilbahn fahren, falls landschaftlich unattraktive Aufstiege anstehen. Nur sagen kann ich ihm das nicht, da er sonst an jedem Seilbahnpfeiler eine Grundsatzdiskussion eröffnen würde. Doch irgendwie habe ich das Gefühl, ein komischer Vogel zu sein. Schon 45 Minuten nachdem wir gestartet sind, werfe ich meine eisernen Grundsätze über den Haufen.

Gute 500 Höhenmeter geht es zwei Stunden lang aufwärts, aber oben, beim Rifugio Sass Beccei, entschädigt die Aussicht auf die Marmolada für die Anstrengungen. Danach ist es auf fast geraden Wegen nur noch eine Stunde bis zu unserer Unterkunft, dem Rifugio Viel dal Pan. Das reicht für den Anfang. Richtig anstrengend wird es noch früh genug werden.

> Die **Marmolada** ist mit 3342 Metern der höchste Berg der Dolomiten. In Richtung Süden bricht der breite Gratrücken auf gut zwei Kilometern Länge bis zu 800 Metern steil ab. Im Norden erstreckt sich der einzige größere Gletscher der Dolomiten, der vom Fedaia-Stausee aus mit einer antiken Steh-Seilbahn erschlossen wird. Der Name Marmolada stammt aus dem Ladinischen und heißt übersetzt »die Schimmernde«. Je nach Schneelage ist der Anblick des Gletschers mal prächtig, mal traurig.

24. Wandertag: Rund um die Marmolada
Rifugio Viel dal Pan – Alleghe (23 Kilometer)

Vorgesehene Gehzeit 6 Stunden, Realzeit 9 Stunden

Um 7:15 Uhr klingelt der Wecker und das ist auch im Bergurlaub ganz einfach nicht meine Zeit. Aber es macht Sinn, bereits jetzt aufzustehen. Zum einen zaubert die Morgensonne unvergleichliche Farben in die Bergwelt, zum anderen stimmt die alte Bergsteigerweisheit »Was du vormittags nicht schaffst, kannst du vergessen« leider wirklich. Mühsam

Der Fedaiasee ist das Ziel einer traumhaften Wiesenwanderung.

wird das Wandern meist erst nachmittags, wenn die Füße schmerzen und der Weg kein Ende mehr zu nehmen scheint. Genau das werden wir heute erleben.

Bis wir die Rucksäcke auf die Schultern stemmen, ist es kurz nach neun und wir nehmen auch noch einen kleinen, aber halbstündigen Umweg zu einem Aussichtspunkt kurz hinter der Hütte in Kauf.

Der Weg ist aber auch zu schön, als dass man ihn eilig absolvieren könnte. Vor allem die Kontraste sind beeindruckend: rechts der brachiale Fels der Marmolada mit seiner Kappe aus ewigem Eis, links der Sellastock und vor uns der schmale wiesengesäumte Pfad, der sich kilometerlang sanft um die Felsen herumwindet.

Das erste Tagesziel ist der tiefblau funkelnde Fedaia-Stausee, der weit unterhalb des Marmolada-Gletschers liegt. Wir haben Glück und sind fast allein unterwegs in den nächsten gut eineinhalb Stunden. Erste Tagesausflügler kommen uns erst dann entgegen, als der Weg bereits steil nach unten zum See führt. Auf dieser Passage nehme ich Felix teilweise ans Seil. Er ist ganz dankbar dafür, auch wenn es eigentlich nur an wenigen kurzen Wegstücken ein bisschen gefährlich ist. »Aber wenn du stürzt, reißt du mich auch mit runter«, überlegt er kurz. »Keine Angst, dann lasse ich los«, sage ich. »Nein, das machst du nicht«, ruft er ganz entsetzt, als ob er nur den Hauch einer Chance hätte, mich abzubremsen.

Das Wetter ist perfekt, die Sonne strahlt bei knappen 20 Grad vom Himmel. Wir trödeln so richtig vor uns hin, während wir auf dem Fußweg rechts des Fedaiasees entlanggehen. Als hätten wir nichts mehr zu laufen heute. Allerdings verkünden unsere beiden Wanderführer übereinstimmend, dass es von hier bis Alleghe nur noch viereinhalb Stunden sind – was nichts anderes als eine dreiste Protzerei der Autoren ist: In viereinhalb Stunden sind die gut 22 Kilometer im Leben nicht zu schaffen.

Kurz hinter dem See ändert sich auch die Landschaft. Die Marmolada zeigt uns nun ihre weit unattraktivere kahle Ostseite und wir laufen nun durch ein grünes, enges Tal mitten auf einer Skipiste nach unten. Waren wir heute Morgen auf dem Rifugio Viel dal Pan noch auf 2432 Meter,

24. Wandertag · Rifugio Viel dal Pan – Alleghe

werden wir heute Abend in Alleghe bis auf 970 Höhenmeter abgestiegen sein. Ein kleines Fest für Sibylles Kniegelenke, die ihrer Besitzerin deutlich klarmachen, dass sie so etwas ungestraft nicht machen kann. Dass die Skipisten von Dolomiti Superski lang sein können, wusste ich. Dass Skipisten mitunter niemals zu enden scheinen, wird mir erst als Wanderer bewusst. Die Abfahrt vom Fedaiasee bis Malga Ciapela nimmt einfach kein Ende. Eineinhalb Stunden sollte die Strecke von der Marmoladahütte aus eigentlich dauern, doch wir sind, eine knappe Pause eingerechnet, gut zweieinhalb Stunden unterwegs. Die Kinder beginnen zu motzen. »Wie weit ist es noch?«, fragen sie, als wir nach einem kurzen Waldstück endlich unten in dem Mini-Örtchen sind. »Normalerweise nur noch drei Stunden«, sage ich und sie schreien entsetzt auf: »Das schaffen wir nicht mehr!« Da sie mich, wie das bei Kindern halt so ist, nicht ausreden ließen, muss ich den Rest des Satzes eben jetzt vollenden: »Aber wir brauchen mindestens eine Stunde mehr.«

Stänkernd laufen die beiden weiter. Doch schnell finden sie Ablenkung, da der Weg nun entlang einem Bach durch den tiefen Felseinschnitt der Sottoguda-Schlucht führt. Das Dorf Sottoguda unmittelbar nach der Schlucht ist ein Traum für jeden Fotografen. Alte hölzerne Bauernhäuser mit bunten Fensterläden und Scheunen säumen das schmale Fahrsträßchen, kleine Brunnen plätschern und das Holz für

Als wäre die Zeit ein paar Jahrzehnte lang stehen geblieben: das verschlafene Dorf Sottoguda.

den Winter ist bereits jetzt, im August, griffbereit gestapelt. Fast ein kleines Museumsdörfchen ist dieses Sottoguda.

Wir sind nun schon sechs Stunden unterwegs und eigentlich würde es uns jetzt reichen. Doch egal, ob die Füße schmerzen, die Achillessehne zwickt oder der Rucksack scheuert, wir müssen weiter. Die Kinder fragen alle zehn Minuten, ob wir, wenn wir schon nicht genau sagen können, wie weit es noch ist, zumindest grob schätzen können, wie lange wir noch laufen. Gut, dass sie nicht mitbekommen, dass auch ich inzwischen völlig fertig bin. Die Oberschenkel, die steinharten Waden, die geschundenen Füße selbst – alles brennt, schmerzt und schreit nach dem Ende der Etappe.

Endlich kommt die im Reiseführer beschriebene Hängebrücke von Alleghe in Sicht. Sie schwankt ganz gewaltig, als wir uns hinüberschleppen. Immerhin sind die Kinder kurzzeitig begeistert. Sibylle dagegen schreibt später in ihr Tagebuch: »Das Schwanken gibt mir und meinen Füßen den Rest.«

> Das Örtchen **Alleghe** liegt wunderschön am gleichnamigen See und zieht sich sanft einen kleinen Hügel hinauf. Gewaltig ist das Felsmassiv der Civetta (3215 Meter), das sich direkt hinter dem See erhebt. Dieser entstand durch einen gewaltigen Erdrutsch im Jahr 1771. Das Geröll begrub die Ortschaften Marin, Riete und Fusine unter sich und staute den Wasserlauf auf. Was eine weitere Katastrophe nach sich zog, denn der See erreichte innerhalb von Tagen eine Tiefe von 19 Metern und eine Länge von eineinhalb Kilometern. Dadurch wurden die Orte Torre, Costa, Peron und Sommariva überflutet. Der etwas höher gelegene Ort Alleghe blieb verschont. Das Panorama von Alleghe ist einmalig. Wer es einmal gesehen hat, wird es nie mehr vergessen.

Wie passend daher, dass wir überflüssigerweise das Örtchen auf der Suche nach unserer Pension auch noch umrunden und die Unterkunft zudem nicht nur am höchsten Punkt des Ortskerns, sondern unser Zimmer fatalerweise im obersten, also vierten Stock des Hauses ist. Sibylle schleppt sich mühsam nach oben, verdreht genervt die Augen und lässt sich dann einfach auf ihr Bett fallen.

Felix ist noch tatendurstig. Den ganzen Tag lang hatte er schon darauf gehofft, in den Alleghesee hüpfen und baden zu können. Ich allerdings kann mich kaum noch rühren, so sehr schmerzen die Muskeln. Außerdem wird es langsam kalt. »Komm, Papa, das geht schon noch«, bettelt er mit gekonnt treuherzigem Blick. Er weiß ganz genau, dass er mich da-

24. Wandertag · Rifugio Viel dal Pan – Alleghe

mit rumkriegt. Also humple ich mit ihm nach unten ans Ufer. Es ist sofort zu sehen, dass dieser See zu allem, nur nicht zum Baden genutzt wird. Eine trübe Brühe ist das Gewässer, das aus der Ferne so verlockend scheint. Ein gut 30 Zentimeter langer toter Fisch dümpelt am steinigen Ufer und der mit groben Steinen durchsetzte Bach, der in den See mündet, wirkt irgendwie gar nicht verlockend. Das findet auch Felix. Deshalb begnügen wir uns damit, die Füße in den eiskalten Zufluss zu strecken und sie ein wenig abschwellen zu lassen. Ganz entspannt sitzen wir nach einem anstrengenden Tag so am Ufer nebeneinander, lassen die Füße baumeln und unterhalten uns. Hin und wieder lege ich den Arm um ihn und er genießt das genauso wie ich. Es ist einer dieser Momente, die uns wohl in Erinnerung bleiben.

Erstmals seit Pfunders ist es auch abends so warm, dass wir draußen essen können. Dafür bringt in der Pizzeria in der Ortsmitte die nur gut 15 Meter Luftlinie entfernte Kirchenglocke auch den Adrenalinspiegel des müdesten Wanderers jede Viertelstunde blitzartig wieder auf Touren. Am Nachbartisch sitzen die ersten Venedig-Wanderer, die wir in diesem Jahr sehen. Eine Handvoll Leute, die sich offensichtlich schon eine Zeit lang kennen und richtig Spaß haben. Wir haben heute dagegen schon daran Freude, herrlich duftende Pizzen serviert zu bekommen und nach dem Essen um 22 Uhr ganz schnell ins Bett zu schlüpfen.

Von den Dolomiten nach Venedig

25. Wandertag: Ein Meer von Gebirgsblumen
Alleghe – Tissihütte (11 Kilometer)

Vorgesehene Gehzeit 4 Stunden, Realzeit 5:30

Die Kinder können es nicht fassen. Papa will diesmal nicht 1350 Höhenmeter nach oben keuchen, sondern Bergbahn fahren. Ja, ich habe ge-

Gebirgsblumen, so weit das Auge reicht – auf dem schönsten Spaziergang der Alpen.

lernt. Der Grund, warum wir nicht direkt zur Tissihütte hinauflaufen, liegt vor allem darin, dass die Strecke relativ unattraktiv sein und durch einen Wald führen soll. Und bei dem Wort Wald denke ich den Rest meines Lebens an den Rodenecker Wald. Einmal reicht.

»Der schönste Spaziergang in den Alpen«, tituliert Ludwig Graßler die anschließend anstehende Strecke zur Tissi-, Carestiato- und Pramperethütte. Er soll recht behalten. Bei Traumwetter führen sonnenüberflute-

25. Wandertag · Alleghe – Tissihütte

te Wege in steilen Serpentinen hinauf zur Coldaihütte. Die spektakulär an einer Gesteinskante liegende Unterkunft, die von einem massiven Felsen von hinten geschützt wird, wirkt so einladend, dass sich zumindest eine Cappuccino-Pause lohnt. Als wäre die karge Hochgebirgslandschaft noch nicht spektakulär genug, erstreckt sich hinter der Hütte bis hinauf zum nahen Coldaisattel ein bezaubernd im sanften Wind wogendes Meer von Gebirgsblumen. »Schöner als jeder gekaufte Blumenstrauß«, freut sich Sibylle über die kleinen Blüten in allen erdenklichen Farben.

Nach dem Sattel sind die Kinder kaum mehr zu halten, denn der Coldaisee ist sicherlich einer der schönsten Bergseen der Dolomiten. Der Kontrast zwischen dem nackten Fels der Civetta, dem sanften Grün auf den umliegenden Felsen und dem Türkisgrün des Sees ist überwältigend. Das ist aber auch einer Jugendgruppe und einer guten Hundertschaft anderer Wanderer bewusst, die alle diesen Ort für ihre Mittagspause wählen. Da das eiskalte Gewässer zehn Meter tief ist, versuchen ein paar Jungs, die Mädchen mit gewagten Sprüngen von einem gut sieben Meter hohen Felsen zu beeindrucken. Alle applaudieren. Die Atmosphäre ist heiter und fröhlich und wir genießen den herrlichen Tag.

Ein einziges Steinmeer, überragt von der legendären Nordwestwand der Civetta, liegt nach der kleinen Badepause am See vor uns. Ein gewaltiger Schuttkegel, der nur von unserem schmalen Wanderpfad und ganz beträchtlichen Altschneeresten durchzogen ist. »Getroffen«, freut sich Lukas, wenn ich einen seiner Schneebäl-

Schneereste unterhalb der Civetta-Nordwestwand.

Von den Dolomiten nach Venedig

le abbekomme, und Felix ist ganz erpicht darauf, mich so zu treffen, dass mir Schnee in den Kragen fällt.

Die 200 Höhenmeter bis zur Tissihütte werden nach der bisher sehr lockeren Wanderung unerwartet anstrengend. Zumindest für Sibylle und mich, denn die Kinder laufen voraus und warten ein paar Meter vor der Hütte, bis wir älteren Herrschaften endlich da sind. Ich habe seit München darauf Wert gelegt, dass wir, nachdem wir täglich gemeinsam loslaufen, auch stets gemeinsam ankommen. Es ist ein Stück Gemeinschaftsgefühl, eine Geste denjenigen gegenüber, die langsamer sind. Und inzwischen gefällt ihnen dieser Gedanke auch.

Die Tissihütte ist eigentlich eine Traumhütte. Wunderschön gelegen auf einem Felsen, der am Rand einer Hochebene aufragt, mit einem unglaublichen Bergpanorama nach allen Seiten. Die großen Fenster erlauben einen weiten Blick nach draußen und eine Sonnenterrasse lädt zum Verweilen ein. Auch an den Vierbettzimmern gibt es nichts zu meckern. Problematisch wird es nur, wenn die Hütte voll ist oder man sich waschen will. Es gibt für

Bratwiener und spektakuläre Ausblicke: die Tissihütte.

das Erdgeschoss vier Waschbecken, vier Toiletten und eine Dusche, die stolze 4,50 Euro pro Duschgang kostet. Das alles befindet sich auf insgesamt gut acht Quadratmetern. Daher pressen sich jedes Mal alle Mann an die Waschbecken, wenn jemand auf die Toilette will, sich an den Rücken der anderen vorbeiquetscht und anschließend wieder auf

25. Wandertag · Alleghe – Tissihütte

den Gang hinausmöchte. Als Krönung des Ganzen sind die Waschmöglichkeiten nicht einmal nach Geschlechtern getrennt.

Die heute angekommenen Menschenmassen überfordern auch die Küche. Wie man es schafft, einfache Spaghetti mit Tomatensoße und damit das Bergsteigeressen, das ohnehin die meisten bestellen, erst nach zweieinhalb Stunden auf den Tisch zu bringen, ist uns ein Rätsel. Immerhin ist geschmacklich nichts auszusetzen. Das ist bei Lukas' »Bratwurst« schon ein bisschen anders. Man stelle sich vor, der Koch nimmt zwei Wienerle, schneidet sie längs auseinander, brät die edlen Teile von beiden Seiten an, drapiert sie mit einer Scheibe Brot auf einem Teller und kassiert dafür sechs Euro. Das ist kein Scherz, auch wenn wir über so viel Dreistigkeit und die etwas verloren wirkenden Würstchen auf dem Teller erst einmal ungläubig lachen müssen.

Auch unsere Tischnachbarn, beide um die 30, amüsieren sich über die Sechs-Euro-Bratwiener. Der eine heißt Rudolfo, ist sonnengebräunt und mit seinen prächtigen schwarzen Locken ein richtiger Vorzeige-Italiener. Sein kleines Bäuchlein zeichnet ihn als Genussmenschen aus. »Wir laufen morgen nach Alleghe runter«, erzählt Hans, sein hagerer, bleichgesichtiger deutscher Freund, und fürchtet ein wenig den steilen Abstieg. Wie auch wir gehen sie daher früh zu Bett.

26. Wandertag: Der Nutella-Freund
Tissihütte – Carestiatohütte (14 Kilometer)

Vorgesehene Gehzeit 6:50 Stunden, Realzeit 8 Stunden

Eindrucksvoll ist es, vor dem Aufbruch hinter der Hütte ein paar Meter aufzusteigen, sich auf den Boden zu legen und bis zur Felskante vorzurobben. Auch die Mutigsten wagen es hier nicht, sich ganz an den Rand des Abgrundes zu stellen und auf den nun winzig kleinen Alleghesee zu blicken. Hunderte von Metern geht es senkrecht nach unten. »James Bond wäre da jetzt sicher runtergeklettert«, sagt Felix beeindruckt. Ich würde einen Wodka-Martini wetten, dass nicht. Auch Bond kennt seine Grenzen.

Sibylle tut heute jeder Schritt weh. Hüften wie Schultern schmerzen und ihre lädierten Knie werden nur noch von den beiden schwarzen Bandagen aus Bad Tölz zusammengehalten. »Ich laufe dermaßen unrund, dass es mir direkt peinlich ist«, schreibt sie in ihr Tagebuch.

Zunächst steigen wir im Schatten der Civetta-Wände über steinige, schmale Wege gut 300 Höhenmeter stetig nach unten. Dort beginnen flache Latschen- und Kiefernwälder, in denen es intensiv nach Harz duftet. Überwältigend aber ist die weite Hochebene Pian di Pelsa. Eine Haflingerherde grast friedlich auf den sonnigen sattgrünen Wiesen. Etwas abgesondert von den anderen Tieren, steht auf dem einzigen Hügel erhaben ein Schimmel und lässt seinen Blick über die Ebene schweifen. Links daneben erhebt sich der kühne Felsturm Torre Venezia auf über 2337 Meter und rahmt das unwirkliche Bild ein.

Nach gut zweieinviertel Stunden erreichen wir die Vazzolerhütte. Diese Hütte des Italienischen Alpenvereins, ein 1928 erbautes Häuschen mit Kapelle und Nebengebäude, liegt zauberhaft auf einer Waldlichtung. »Wie ein Schneewittchenhaus«, meint Sibylle. Eigenartigerweise sitzen auch Rudolfo und Hans in der Sonne. »Was macht Ihr denn hier? Ihr wolltet doch absteigen?«, frage ich. »Man muss flexibel sein«, sagt Hans

26. Wandertag · Tissihütte – Carestiatohütte

lächelnd und ich bewundere die beiden, wie spontan sie doch sind. Aber Sibylle durchschaut Hans sofort und fragt frech: »Kann es sein, dass du gar nicht weißt, wohin ihr wandert?« Ertappt. Hans grinst etwas schuldbewusst, er geht einfach Rudolfo hinterher. Dann erzählt er gut gelaunt, dass sie jetzt aber ins Tal absteigen werden. Wieder falsch. Abends werden wir die beiden fröhlichen Wandersleute, bei denen offensichtlich der eine plant und der andere nur die Natur genießt, kurioserweise auf unserer Hütte wieder treffen.

Als wir erneut aufbrechen, hängen wir unserem Zeitplan eine gute Stunde hinterher. Aber was soll's, nervig ist nur, dass Felix nach einer knappen Viertelstunde feststellt, dass er einen Teva-Latschen, den er auf der Hütte noch am Rucksack hängen hatte, nun verloren hat. Also muss er zurück, schließlich sind die Sandalen neben den Wanderschuhen das einzige Paar Schuhe, auf das er bis Venedig zurückgrei-

Hunderte Meter geht es direkt hinter der Tissihütte steil bergab. Unten liegt der Alleghesee.

fen kann. Für mich und Lukas trifft sich die Zwangspause ganz gut. Da wir inzwischen die Badehosen stets griffbereit außen am Rucksack hängen haben und sich just an dieser Stelle ein Gebirgsbach über gut vier Meter hohe Wasserfälle nach unten ergießt, ist es keine Frage, was wir machen. Blitzartig springen wir in die Badehosen und genießen eine elend kalte und daher nicht allzu lange Dusche. Felix kommt mit strahlendem Lächeln wieder zurück. Er hat den Schuh gefunden.

Über zwei Jöcher geht es nun und die ziehen sich. Mitunter ist der Weg mühsam, da die Äste der Latschenkiefern in ihn hineinragen. Wir passieren den Monte Agner, die mit 1500 Höhenmetern höchste Wand der Dolomiten, und kommen mit dem Schnaufen kaum mehr nach. Der Schweiß rinnt am Körper hinab, das Wanderhemd ist längst durchgeschwitzt. Vor allem Felix ist am Ende. So lernen wir Joachim, einen knapp 40-Jährigen, der mit einer kleinen Gruppe Venedig-Wanderer unterwegs ist, gerade rechtzeitig kennen. Joachim hat selbst einen zwölfjährigen Sohn, der allerdings keine Lust aufs Wandern hatte und daheimblieb. Inzwischen vermisst ihn sein Papa doch sehr. Umso begeisterter ist der Hesse, dass unsere Jungs so tapfer mitlaufen. Blendend unterhält er sich mit den beiden, macht Blödsinn, indem er Wanderwegweiser in die falsche Richtung dreht (aber natürlich wieder zurücksetzt), und dann zaubert er aus seinem Rucksack zwei Nutella-Dips für sie. »Zum Ausschlecken«, grinst er und steckt den Zeigefinger in einen dritten Dip, den er nun genüsslich bis auf den letzten Rest leert. Eine wunderbare Ablenkung: Lukas und Felix sind plötzlich wieder fit.

Stundenlang laufen wir und ein Ziel ist nicht in Sicht. Erst nach dem Sella di Camp, einem grünen Bergsattel, ist in der Ferne die Hütte zu sehen. Sibylle hat beim Abstieg Schmerzen in den Zehen und ist entsprechend langsam, während die Jungs mit ihrem neuen Freund schon einmal vorausgehen. Damit verpassen sie eine Blindschleiche, die den Weg passiert, vor allem aber den gefährlich aussehenden toten Skorpion, den ich mitten auf dem Pfad entdecke. Als wir in der Carestiatohütte eintreffen, hat Joachim ihnen bereits eine Limo spendiert. Alle, auch seine Kameraden, sitzen auf der Terrasse in der Sonne und genießen das Panorama. Eigenartig irgendwie, dass man sich an Bergen einfach nicht sattsehen kann. Selbst wenn man, wie diese sechs Wanderer, schon seit Wochen unterwegs ist.

Joachim und seine Truppe haben zwar keinen rechten Elan mehr, müssen aber noch eine knappe Stunde weiter, da sie ihre Unterkunft am Passo Duran gebucht haben. Wir dagegen beziehen hier unser Zimmer. Wir sind trotzdem nicht allein: Immerhin sitzen Rudolfo und Hans schon bestens gelaunt an einem der hölzernen Tische.

154

27. Wandertag: Verwirrte Wandersleute und Hagelschauer
Carestiatohütte – Pramperethütte (14 Kilometer)

Vorgesehene Gehzeit 4:15 Stunden, Realzeit 6 Stunden

Lukas ist so dürr, dass er Probleme hat, seinen Bauchgurt festzuzurren. Daher hängt ihm das ganze Gewicht des Rucksacks meist nicht wie gewünscht auf den Beckenknochen, sondern unbequemerweise auf den Schultern. »Warum bin ich nur so dünn«, seufzt er und betrachtet neidisch seinen Bruder, der schon immer wesentlich athletischer war. Dabei hat Lukas ohnehin schon etwas zugelegt. Im vergangenen Jahr mussten wir ihm noch einen Pullover um den Bauch binden, damit der Gurt zumindest ein wenig Halt hatte. Doch mit Gurt oder ohne, heute sind wir alle ein wenig schlapp und können es so gar nicht fassen, als uns der Wecker wieder einmal um 6:30 Uhr aus den Träumen reißt. Sibylle brummt unwillig, ist dann aber doch die einzige von uns, die konsequenterweise auch gleich aufsteht. Kein Wunder, dass sie sich ärgert, als wir noch ein bisschen weiterschlummern. »Jetzt aber raus«, giftet sie, als sie vom Waschen zurückkommt und wir noch immer in den Federn liegen.

Erinnerungen an Italienreisen mit den eigenen Eltern werden wach: Kaffee und Kakao gibt es beim Frühstück auf der Carestiatohütte in Schalen.

Nach dem Frühstück müssen wir uns sputen. Zumindest weist uns ein

Schild im Schlaftrakt darauf hin: »Bitte das Zimmer bis 8:30 befreien«. Das machen wir dann auch gerne und »befreien« es sogar gute zehn Minuten früher als gewünscht.

Als Erstes wandern wir über den Passo Duran und folgen anschließend

Willkommene Erfrischung: Lukas gönnt sich eine »Kopfwäsche« im steinernen Brunnen vor der Moschesin-Alm.

dem schweißtreibenden Weg durch dichte Wälder. Ein wunderschönes Fleckchen ist die Moschesin-Alm, die nach guten vier Stunden auf einer Lichtung auftaucht. Zu schade, dass das flache Häuschen nicht bewirtschaftet ist und daher ein wenig heruntergekommen wirkt. Immerhin kann man auf der Bank vor der Hütte seine Brotzeit auspacken oder die Füße ausstrecken. Der lang gezogene Brunnen kommt einer Einladung gleich, sich zu erfrischen oder gar zu baden. Auf einmal durchbrechen zwei Stimmen die Stille und fast hätten wir gelacht. Die beiden kennen wir. Es sind Hans und Rudolfo, die fröhlich schwatzend auf die Lichtung schlendern. Eigentlich hatte Hans gesagt, dass sie nun endgültig absteigen würden. Und jetzt nehmen sie mit uns schon wieder den nächsten Berg in Angriff.

27. Wandertag · Carestiatohütte – Prampererhütte

Wir genießen die sonnige Lichtung so sehr, dass wir die dicken schwarzen Wolken erst sehen, als es zu donnern beginnt. Sie sind noch weit entfernt, aber ich werde trotzdem nervös. Laut Reiseführer sind es nur noch 45 Minuten bis zur Prampererhütte, das müsste leicht zu schaffen sein. So schön die Lichtung an der Moschesin-Alm bei Sonnenschein auch ist, einen Nachmittag bei Blitz und Donner möchten wir hier dann doch nicht erleben. Hans und Rudolfo haben die Ruhe weg und machen erst einmal Brotzeit, während wir bereits den Berg hinaufhetzen.

Plötzlich ist die Sonne weg und die Wolken werden dichter. Verdammt, das Wetter in den Bergen ist so schwer kalkulierbar, dass es uns einmal mehr überrascht. Es donnert direkt über uns. Das ist kein gutes Zeichen. Lukas, dem Gewitter schon immer suspekt waren, wird langsam panisch. Wir spüren die ersten Regentropfen auf der Haut, als Hans und Rudolfo ganz aufgelöst an uns vorbeilaufen. Rudolfo drückt mir eine Badehose in die Hand. Das ist mitten in den Bergen und in dieser Situation nun wirklich komisch und ich schaue irritiert erst einmal ihm hinterher und dann die blaue Hose mit den rot-schwarzen Streifen in meiner Hand an. Sie gehört Felix, offenbar hat sie sich von seinem Rucksack gelöst. Dafür trägt mir Felix kurz danach meine Trinkflasche hinterher, die wiederum ich anscheinend nicht richtig festgemacht habe. »Mensch, Papa«, sagt er vorwurfsvoll – und ich bin froh, wegen der Badehose nicht geschimpft zu haben.

Aus dem Regen ist inzwischen leichter Graupel geworden. Der Donner wird jetzt immer heftiger und wir haben das Gefühl, über den engen, steinigen Pfad direkt zu ihm hinaufzusteigen. Ausgerechnet jetzt nähern wir uns dem mit 1940 Metern höchsten Punkt des heutigen Abschnittes, der Forcella Moschesin. Das ist eine fast kahle Scharte, auf der die Grundmauern eines verfallenen Garnisonshäuschens stehen. Wir versuchen, möglichst schnell über die Scharte hinüberzukommen, während dicke Wolken irrwitzig schnell an uns vorbeiziehen, uns für Sekunden einhüllen und meist doch schneller sind als wir. Ein paar Meter weiter unten ist der böse Spuk schlagartig wieder vorbei. Das Gewitter bleibt ganz einfach auf der anderen Seite des Berges hängen. Hier reißen die

Wolken wieder auf und wir gehen Minuten später auf sonnigen Wegen weiter. Ein Wetterwechsel, wie wir ihn noch nie erlebt haben.

Es ist 14:15 Uhr, als wir die Hütte sehen. Eine italienische Flagge weist uns die letzten Meter. Das geduckte Häuschen steht etwas oberhalb einer kleinen Ebene, die durchsetzt ist von riesigen Felsbrocken. Kleine Bänke stehen einladend auf der Wiese und auf der Terrasse wird Kaffee und Kuchen serviert.

Der Gastraum der Pramperethütte ist eine Schau. Das Haus ist so niedrig, dass der Dachstuhl durchgehend zu sehen ist. Leise Gitarrenmusik sorgt für eine angenehme Atmosphäre, eine tibetische Fahne ist an einen Balken genagelt und eine altertümliche Kletterausrüstung, die an den Wänden hängt, erinnert daran, wer hier das Hauptpublikum ist.

Die Betten sind im 50 Meter entfernten Nebenhaus untergebracht. Wobei untergebracht ein wirklich treffendes Wort dafür ist. Exakt 21 Betten türmen sich dreistöckig in einem winzigen, etwa vier mal sechs Meter großen Raum. Gut nur, dass der Raum nicht noch höher ist, sonst wären wohl noch mehr Betten darin gestapelt worden, dabei schwankt der »dritte Stock« bereits. Da wir ein Vierbettzimmer vorbestellt hatten, bekommen wir den Nebenraum. Der ist mit einem Vorhang abgetrennt und ebenfalls mit zwei dreistöckigen Betten ausgestattet. »Die beiden werden frei bleiben«, verspricht die Wirtin. Wir sind dafür durchaus dankbar, aber trotzdem ziemlich entsetzt, wo alle anderen übernachten müssen. Unser schmuckloses Zimmerchen, um das wir glühend beneidet werden, ist dagegen zweckmäßig und sehr akzeptabel.

Die Kinder sind stundenlang nicht mehr ansprechbar. Sie haben in der Gaststube einen kleinen Berg »Donald Duck«-Comics entdeckt und vergnügen sich nun bei herrlichstem Sonnenschein damit, in der halbdunklen Hütte zu sitzen und zu lesen. Sibylle und ich hingegen vervollständigen unsere Tagebücher und ich lege mich sogar ein Stündchen aufs Ohr.

Ein sagenhaftes Gewitter bricht während des Abendessens los. Regen und später auch Hagel donnern mit solcher Heftigkeit auf das Hüttchen, dass wir instinktiv immer wieder mit einem Blick die Stabilität des

27. Wandertag · Carestiatohütte – Pramperethütte

Dachstuhls überprüfen. »Hoffentlich müssen wir nicht hier übernachten«, fürchtet Felix. Hagelkörner in Backerbsengröße bedecken die Terrasse bald vollständig. Immer wieder gehen Gäste zum Fenster und betrachten dieses gewaltige Naturschauspiel.

Als sich das Wetter kurzzeitig etwas beruhigt, eilen wir hinüber in unser Schlafkämmerchen. Da der Generator für das Licht pünktlich abgeschaltet wurde, verlaufe ich mich in dem Labyrinth von Stockbetten und berühre versehentlich eine schlafende Frau, die erschrickt und einmal kurz aufseufzt. Sibylle findet schließlich den richtigen Weg und zieht mich ungewohnt energisch in ihre Richtung.

Nun müssen wir im Schein der Stirnlampen unsere Betten fertig machen. Ein endloses Geknistere mit den wasserdichten Plastiktüten. Es ist richtig peinlich, weil im Hauptschlafraum einige bereits deutlich hörbar schlafen. Doch dann liegen wir in den Hüttenschlafsäcken, in den Ohren die bunten Ohrstöpsel und schlafen wunderbar bis zum diesmal späten Morgen.

Ein wunderbarer Ort zum Entspannen: die liebevoll ausgestattete Pramperethütte.

28. Wandertag: Knapp vorbei – die Schiara
Pramperethütte – Bianchethütte (13 Kilometer)

Vorgesehene Gehzeit 6:45, Realzeit 7:30 Stunden

Wir können unser Glück kaum fassen. Nach dem nächtlichen Unwetter hatten wir uns auf einen tristen Tag eingestellt, doch heute ist Kaiserwetter. Keine noch so kleine Wolke ist am Himmel zu sehen und der Regen hat die Luft klar gewaschen. Nur ein einsames Häufchen Hagelkörner auf der Terrasse ist vom Gewitter der vergangenen Nacht geblieben. Über das Frühstück kann man nicht meckern. Kaffee und Nutella sind vorhanden und wer die Weißbrotscheiben unauffällig abtastet, findet sehr schnell die frischen heraus. Und weil sich die Wirtsleute so fernab von der realen Welt wohl im Tag geirrt haben, gibt es heute, am Samstag, frischen Hefezopf mit Rosinen. Ein echter Genuss nach den zuletzt doch recht dürftigen Frühstücken.

Wir kommen wieder einmal nicht los. Lukas nervt mich fürchterlich, weil er uns, anstatt sich anzuziehen, zeigen will, wie toll er auf den Stockbetten klettern kann. Dabei bringt er selbstverständlich die eben zusammengelegten Decken wieder durcheinander. Felix dagegen ist anscheinend noch müde. Er sitzt desorientiert und reglos auf dem Bett. Wahrscheinlich schaut er seinen Rucksack an und wundert sich, warum der noch nicht gepackt ist. Ich muss hier jedenfalls raus, bevor ich in der Enge des Zimmerchens einen Wutanfall bekomme.

Eventuellen Zorn kann man anschließend, bei einem Anstieg von gut 530 Metern, ganz schnell wieder abbauen. Einfach ein bisschen schneller gehen, so richtig ins Schnaufen und Schwitzen kommen – und schon bin ich wieder bestens gelaunt. Bei diesem Wetter allerdings ist schlechte Stimmung ohnehin fehl am Platz. Die Fernsicht nach allen Seiten ist überwältigend. Gämsen klettern waghalsig an steilen Wänden und wir laufen zufällig mit ein paar gleich schnellen anderen Wanderern. Da ist zum einen ein kleines Häufchen älterer, sehr kultivierter Herrschaften

28. Wandertag · Pramperethütte – Bianchethütte

Ein gewaltiges Bergpanorama belohnt beim Blick zurück für den kräftezehrenden Aufstieg.

aus England, die wunderbar harmonieren, ständig lachen und richtig Spaß miteinander haben. Zum anderen begleiten uns noch zwei gut 50-Jährige, die sich – ebenfalls beim Aufstieg – über ihre jeweiligen Berufe austauschen und sich gegenseitig erklären, wie sie die Probleme in ihrer Arbeitswelt ganz grandios meistern. Zum Davonlaufen – wenn es denn schneller ginge. Auch ein nettes schwäbisches Pärchen mit seinen beiden Töchtern ist auf diesem Abschnitt unterwegs – und natürlich Hans und Rudolfo, die, wie wir vermuten, wahrscheinlich irrtümlich auch nach Venedig gehen.

Kurz unterhalb der Bergschultern der Cime di Città, an deren Bruchkanten es weit nach unten geht, lassen wir die Rucksäcke zurück und

Von den Dolomiten nach Venedig

steigen zum Gipfelkreuz auf. Plötzlich entdecke ich weit südlich am Horizont ein schmales weiß-blaues Band, das nach links einen langen Bogen zieht. Ich kenne diese Wölbung, die charakteristisch ist für die Bucht von Triest. Der lange Streifen im Vordergrund könnte die italienische Küste sein, Grado, Caorle, Jesolo und rechts davon müsste Venedig liegen. Ganz sicher sind wir zunächst nicht. Vielleicht ist der Streifen nur ein Wolkenband? Doch nach kurzer Zeit erkennen wir ganz deutlich, dass wir unserem Ziel nun tatsächlich ganz nahe sind. Da vorne ist die Adria, völlig unerwartet sehen wir das Meer. Ein erhebender Moment, ich kann es gar nicht fassen.

Über breite Terrassen führt der steile Weg gut eineinhalb Stunden nach unten. Doch dann ist die schnuckelige Fontanahütte erreicht, ein aus hellen Felsen gemauerter und grob verputzter, niedriger Bau. Eine liebevoll renovierte Gaststube, in der köstlicher Amaretto- und Schokokuchen auf der Theke steht, empfängt uns. Der für diese Gegend typische offene Kamin dominiert den Gastraum. Auf der oberen Umrandung stehen in Alkohol eingelegte Schlangen. »Schau, Papa«, ist Felix fasziniert und kann natürlich nicht die Finger davon lassen. Jedes zweite Glas wird gedreht oder zumindest angelangt und ich werde unruhig. Ich weiß genau, dass ihm irgendwann ein Glas auf den Steinboden fällt. Und ich habe wirklich keine Lust, glibbrige Reste einer vor Jahrzehnten verstorbenen Schlange vom Boden aufzuwischen (und mag gar nicht daran denken, wie das wohl stinkt). »Bitte pass auf«, mahne ich. »Schau, die ist toll«, dreht er ungerührt das nächste Glas und verursacht

Ein erhebender Moment: Vom Gipfelkreuz aus können wir im Dunst das blaue Band der Adria erkennen.

28. Wandertag · Pramperethütte – Bianchethütte

ein deutliches Scharren, als Glas und Stein aneinander kratzen: »Die hat sogar das Maul noch offen.« Als wäre sie in dem Alkohol ertränkt worden und hätte ihren Peiniger im Todeskampf noch einmal zornig angefaucht. Wie durch ein Wunder verlassen wir die Hütte, ohne Scherben verursacht zu haben. »Hab ich ja gleich gesagt«, meint Felix ganz cool.

Vor dem Haupthaus steht ein Brunnen mit einem gut fünf Meter langen Becken. Früher und vielleicht heute noch eine Viehtränke. Egal, das frische Quellwasser läuft mit festem Strahl in das Becken und Minuten später baden Felix und ich in den eisigen Fluten. So-

Die schönste Badewanne der Welt.

gar zwei Schwimmzüge in Richtung Alpengipfel sind in dem Becken möglich. Es ist eine Badewanne, wie es sie nur einmal auf der Welt gibt. Wir lassen die Füße umspülen, legen breit die Arme rechts und links auf den Beckenrand und blicken rundum auf eine wunderbare Bergwelt.

Lukas hat einen kleinen pubertären Anfall. Er will Spaghetti. Jetzt, sofort und ohne Kompromisse. Und das just in dem Moment, als wir es uns auf einer Bank gemütlich gemacht und unsere Brotzeit ausgepackt haben. »Wir haben Käse, Speck, Frischkäse, Knäckebrot und zwei Stück Kuchen«, sagt Sibylle. Eigentlich eine reichliche Auswahl, könnte man meinen. Lukas ist anderer Meinung. Da Felix versehentlich vom in der Hütte gekauften Schokokuchen nur ein winziges Reststück für ihn übrig gelassen hat, ist Lukas gleich wieder sauer: »Ich will einen eigenen Schokokuchen. Und der Amarettokuchen schmeckt mir nicht.« Fast freut man sich, wenn, wie in diesem Fall, just vor einer Minute der Schokokuchen ausgegangen ist. So ist unser Lukas gezwungen, sich damit abzufinden, dass das, was er sich gerade einbildet, jetzt eben nicht zu haben ist.

163

Von den Dolomiten nach Venedig

Anschließend fordert ein gut 45-minütiger, steiler Weg durch einen Wald noch einmal die Kondition. Während mir der Schweiß am Körper hinabrinnt, animiert die Steigung Felix offensichtlich dazu, ein fröhliches Gespräch zu beginnen. Es besteht daraus, dass er mich mit Fragen löchert, die er ansonsten – in weniger anstrengenden Situationen – nie stellt und die ich auch nicht beantworten kann. »Wie tief würde eine Kugel im Boden stecken, wenn man von hier aus mit einer Pistole in den Boden schießt?« – »Nur ein paar Zentimeter, dann kommt wahrscheinlich der Fels«, antworte ich schnaufend. »Und wenn da kein Fels, sondern nur Erde ist?« – »Dann kommt es auf die Kugel und die Art der Pistole an.« Da er mit einer solch unkonkreten Auskunft nicht zufrieden ist, will er etwas anderes wissen: »Glaubst du, dass man eine Million Schritte von München bis Venedig geht?« – »Ja, wahrscheinlich sogar mehrere Millionen«, hoffe ich keuchend, eine abschließende Antwort gegeben zu haben. »Wie viele Millionen?« – »Weiß ich nicht.« Kurze Pause, dann: »Zehn Millionen?« – »Vielleicht«, antworte ich verzweifelt und wische mir ein Schweißrinnsal aus den Augen. Und damit ist er dann eigenartigerweise zufrieden.

> Die Felswand der **Schiara** ist nach der Birkkarspitze im Karwendel und der Friesenbergscharte am Hintertuxer Gletscher eine der drei Schlüsselstellen der Wanderung von München nach Venedig. Der Klettersteig gilt als schwierige Bergtour, bei der Schwindelfreiheit, Trittsicherheit und Ausdauer notwendig sind. Es geht dreieinhalb Stunden insgesamt 700 Höhenmeter nach unten. Der Weg ist nur teilweise gesichert und aufgrund der hohen Stufen für Kinder ungeeignet. Eine sehr leichte Umgehung dieser Passage über das Rifugio Bianchet ist möglich.

Als der Weg aus dem Wald führt, liegt die Rückwand der Schiara direkt vor uns. Wir folgen dem schmalen, grasbewachsenen Pfad immer geradeaus und passen ganz genau auf. Giftige Vipern soll es hier geben, die sich vor allem an den Südhängen sonnen. Außerdem geht es rechts teilweise so steil nach unten, dass ich Felix einmal sogar ans Seil nehme. Er freut sich darüber. Ans Seil genommen zu werden ist halt doch immer ein wenig abenteuerlich und spannend. Schön, dass man in manchen Momenten noch merkt, dass er einfach ein netter kleiner, zehnjähriger Bub ist.

28. Wandertag · Pramperethütte – Bianchethütte

Der Abstieg führt fast ausschließlich durch Wälder und ist daher eintö-
nig. Wir sind jedenfalls froh, als auf einer Lichtung die Bianchethütte in
der Sonne auftaucht und sich dieser Wandertag dem Ende zuneigt. Zumal Lukas bereits mit zwei Mädchen auf einer Bank sitzt und Schach
spielt. Er hatte sich auf der Fontanahütte der schwäbischen Familie angeschlossen. Ist ja auch interessanter als mit den eigenen Eltern herum-
zumarschieren. Langsam wandelt er sich vom Kind zum Jugendlichen.
Bis vor einem Jahr hätte er uns noch freudig und vielleicht sogar mit einem Küsschen begrüßt, jetzt blickt er kaum auf: »Endlich, ich bin schon
eine Stunde da.«

Kurz bevor die Dämmerung beginnt, erleben wir plötzlich einen völlig
veränderten Lukas. Da es ihm anscheinend zu langweilig ist, mit den
Kindern »Fangen« zu spielen, will er, dass alle Erwachsenen jetzt auch
mitmachen. Er stellt sich auf eine Treppe vor der Hütte, erklärt die
Spielregeln und fragt die zehn Erwachsenen, ob sie nun lieber Fee, Teufel oder Gehilfe sein wollen. Alle zögern, keiner hat Lust, jetzt (oder erstmals nach 20 Jahren wieder) »Fangen« zu spielen. Aber Lukas ist unerbittlich. Als der Vater der beiden Mädchen sagt, dass er den Teufel machen würde, ist der Bann gebrochen. Unser sonst so schüchterner Sohn
stellt sich hin wie ein Showmaster und bringt mit seinem Charme die
ganzen Erwachsenen, die teilweise schon acht Wanderstunden in den
Füßen haben, dazu, »Fangen« zu spielen. Eine gut 50-jährige Österrei-
cherin zieht eilig ihre Wanderschuhe an, da sie als »Fee« mit ihren
Schlappen nicht so gut vorankommt. Fee in Bergstiefeln also, auch
schön. Gute 20 Minuten lang rennen wildfremde Menschen hinterei-
nander her, versteinern sich, schlagen sich frei und haben dabei einen
Mordsspaß. Ein einziges Gelächter schallt über die Wiese. Oben am
Fenster kann man das mürrische Gesicht des Hüttenwirtes erkennen.
Keine Frage: Weitwanderer, die abends noch »Fangen« spielen, hält er
für endgültig übergeschnappt.

29. Wandertag: Ein zauberhafter Ort
Bianchethütte – Belluno (6 Kilometer)

Vorgesehene Gehzeit und Realzeit 2:30 Stunden

Die heutige Etappe führt nach Belluno, allerdings werden wir einen Teil der Strecke mit dem Bus zurücklegen. Nach der Ruhe in den Bergen fällt es schwer, sich mit dem Gedanken anzufreunden, in ein paar Stunden wieder in die Hektik und den Lärm einer Stadt zurückzukehren. Wir verlassen die Dolomiten nur ungern, deren Durchwanderung in den vergangenen Tagen und Wochen eine wohltuende Distanz zum chaotischen Alltag geschaffen hat.

Umso mehr gilt es, die letzten Augenblicke vor dem Abmarsch zur Bushaltestelle zu genießen. Auch wenn es im Moment gar nicht nach Genuss aussieht. Die Jungs machen mich fast verrückt. Sie toben wie die Wahnsinnigen in der Hütte umher. Sogar draußen vor dem Haus ist das Geschrei noch zu hören. Felix findet riesigen Spaß daran, seinen größeren Bruder mit seiner Zahnspange zu jagen. Lukas graust es fürchterlich vor dem hautfarbenen Plastik mit dem Drahtgeflecht und Felix läuft ihm mit ausgestrecktem Arm und der Spange in den Fingern durch die Gänge und Schlafräume hinterher. Lukas brüllt vor – wenn auch teilweise gespieltem – Entsetzen. Auch der Wirt ist entnervt. »Bambini, grande catastrofe«, baut er sich vor uns auf, streckt verzweifelt die Arme in die Höhe und verdreht die Augen.

Es ist wohl Zeit aufzubrechen. Die Kinder sind schnell fertig, haben ihre Rucksäcke gepackt und vor der Hütte zu den unseren gestellt. »Habt ihr alles?«, frage ich. »Klar!«, tönen sie. Nur um sicherzugehen, schaue ich noch einmal nach, ob nichts im Zimmer verblieben ist. Ich bin fassungslos: Tatsächlich haben die Jungs beim Zusammenpacken nicht nur ihre Zweithosen liegen lassen, sondern auch ihre Hüte, Handtücher und einige Kleinteile, die ebenfalls auf den Betten liegen. Manches ist eben in den Bergen auch nicht anders als zu Hause.

29. Wandertag · Bianchethütte – Belluno

Dann geht es endlich los. Nach gut zweieinhalb Stunden auf der Forststraße sind plötzlich Autos und Motorräder zu hören. Ein ungewohntes Geräusch nach der Stille auf all den einsamen Wegen. Ein paar steile Treppenstufen geht es nach unten, dann liegen die Straße und die Bushaltestelle vor uns.

Es ist eigenartig, nun in einem Fahrzeug zu sitzen und zum Weiterkommen nicht mehr ausschließlich auf die eigenen Füße angewiesen zu sein. Der Busfahrer hat es gar nicht eilig und trotzdem kommt es uns vor, als würde die Landschaft an uns vorbeifliegen. Gute 20 Minuten, dann verdichten sich die zunächst noch vereinzelt stehenden, typisch italienischen Häuschen zur Vorstadt und kurz darauf hat der Dolomitibus Belluno erreicht.

Zu meinem leisen Bedauern, aber zur großen Freude unserer überraschten Kinder hat sich direkt am Busbahnhof eine McDonald's-Filiale eingenistet. »Ihr habt versprochen, dass es bei jedem McDonald's etwas für uns gibt«, erinnern uns die Jungs mit strahlenden Augen. Wir erkennen sofort: Es gibt kein Entkommen. »Ihr könnt so viel essen, wie ihr Lust habt!«, entscheiden wir. »Ja«, jubelt Lukas und macht die Becker-Faust.

Krasser könnte der Gegensatz nicht sein. Eben noch in den Bergen, sitzen wir nun auf Plastikstühlen und mampfen Mainstream-Essen aus Plastikverpackungen. Der sterile Metalltisch quillt über von Papierhüllen, Pappbechern und Tabletts. Vier Mitwanderer, die ebenfalls im Bus waren, machen sich dagegen bereits zu unserer Unterkunft La Cerva auf, die wir ihnen empfohlen haben. Das rächt sich prompt, als ich kurz danach zum Handy greife: »Buongiorno! Sprechen Sie Deutsch? Ja, schön. Wir sind jetzt am Bahnhof. Wie kommen wir zu Ihnen?« – »Warum heute? Sie kommen erst morgen.«

> **Belluno** ist die Hauptstadt der gleichnamigen Provinz und besticht vor allem durch seine Lage. Der Piave schlängelt sich an dem mediterranen, viel höher als der Fluss liegenden Städtchen mit seinen verkehrsberuhigten Plätzen vorbei, die Laubengänge und kleinen Gässchen laden zum Bummeln ein, die Felswand der Schiara rahmt die Stadt auf der einen, der Skiberg Nevegal auf der gegenüberliegenden Seite ein. Der einstige Papst Johannes Paul I. und der Maler Tizian sind in Belluno aufgewachsen. Belluno ist eines dieser norditalienischen Kleinode wie Bassano del Grappa, Marostica oder Vicenza, die von den großen Touristenströmen zu Unrecht, aber Gott sei Dank ignoriert werden.

Kurze Stille. »Ich habe gerade die letzten beiden Zimmer vergeben.« Wir sind fassungslos. Da stehen wir nun nach 29 Wanderetappen, die nahezu generalstabsmäßig geplant waren, in der Mittagshitze von Belluno und haben keine Unterkunft. Dabei ist es in dem Städtchen tatsächlich eine kleine Unmöglichkeit, günstige Zimmer in der Stadtmitte zu finden. Die letzten vier Betten hatte die Wirtin nun ausgerechnet an die Wanderer vergeben, die wir dorthin geschickt hatten.

Der Zimmerwirtin ist das wahnsinnig peinlich. »So etwas ist mir noch nie passiert«, sagt sie und entschuldigt sich unentwegt. Immerhin hat sie einen Plan B. »Ich rufe eine Bekannte an und melde mich gleich wieder«, sagt sie. Gute 15 Minuten später erfahren wir, dass sie eine Privatunterkunft für uns gefunden hat, ihre Bekannte soll in 30 Minuten kommen, um uns abzuholen. Als wir die Hoffnung nach knapp einer Stunde schon fast aufgeben, biegt tatsächlich ein rotes Auto um die Ecke – sie ist es.

Ihr Mann allerdings ist mürrisch. Offensichtlich vermietet seine Frau ihr gemeinsames Schlafzimmer und das passt ihm nicht. Grantig zieht er sich in sein Arbeitszimmer zurück, das fast bis zur Decke mit Computern und Bildschirmen vollgestopft ist. Es wirkt wie die Kommandozentrale einer Geheimorganisation in einem Actionfilm. Sehr geheimnisvoll, meinen zumindest Lukas und Felix.

Zufrieden gehen wir zurück in den Ort. Sehenswert ist der Hauptplatz Bellunos. Der kleine Park mit seinem ausladenden Brunnen, an dem sich die Einwohner an heißen Tagen ein kühles Lüftchen erhoffen, und die zahlreichen Straßencafés an den alten bemalten Bürgerhäusern strahlen einen gewissen Zauber aus. Ein wenig unwirklich wird es abends, wenn die Lichter eines einsamen Karussells angehen und die bunten Holzpferdchen auf ihre immergleiche Rundreise gehen. Kinder fahren nicht viele mit, manchmal dafür aber Wanderer, die sich die eine oder andere Konvention von der Seele gelaufen haben. Seltsam, dass ausgerechnet unsere Jungs nicht fahren wollen.

An einem Sonntagabend in Belluno ein nettes Lokal mit Außenterrasse und Bergblick zu finden ist gar nicht so einfach. Letztlich läuft es auf die

29. Wandertag · Bianchethütte – Belluno

Die Berge sind zum Greifen nah: Belluno ist zauberhaft.

Pizzeria Al Mirapiave mit ihrem überdachten Freisitz hinaus. Der gestattet einen freien Blick auf den Piave, die aus dieser Position trutzig wirkende Stadt und die dahinter liegenden grünen Hügel, die zum Nevegal führen. Überraschenderweise treffen wir hier auch Joachim und seine Truppe wieder und genießen einen netten Abend in geselliger Runde.

Ruhetag: Mit dem Piave nach Süden treiben

Heute legen wir einen Ruhetag ein. Wir sitzen morgens am Frühstückstisch, sollten gelassen sein und sind trotzdem unruhig. Zum einen ist es ungewohnt, sich einfach mal so viel Zeit zu lassen, wie wir wollen, zum anderen müssen wir uns zwingen, den Himmel nicht ständig nach Unwetter verheißenden Quellwolken abzusuchen. Außerdem fehlt der gewohnte Tagesplan. Wie weit kommen wir? Schaffen wir das Etappenziel? Und was wird heute Aufregendes passieren? Nichts! Wir müssen einfach mal stillhalten und im Cafe sitzen bleiben, wenn andere mit dem Rucksack an uns vorbeigehen. Wir schlürfen Cappuccino, schließen die Augen und genießen das leise Prickeln der Sommersonne im Gesicht.

Allerdings werden wir ab heute wohl keine bekannten Gesichter mehr treffen. Hans und Rudolfo sind inzwischen abgestiegen. Wohin auch immer. Auch Joachim werden wir nicht mehr sehen. Er hat beschlossen, dass der Fernwanderweg München–Venedig für ihn in Belluno endet. Er sitzt bereits im Zug nach Venedig und wird von dort aus zurückfliegen. Ursprünglich wollte er auf die Flachetappen nicht verzichten, doch jetzt treibt ihn das Heimweh nach seiner Familie zurück. Vielleicht haben ihn unbewusst auch unsere Jungs daran erinnert, dass es Zeit wird, nach Hause zu kommen.

Belluno ist für einen Großteil der München-Venedig-Wanderer Endstation. Es ist tatsächlich eine emotionale Zäsur, bis auf den Nevegal die Berge hinter sich gelassen zu haben. Dazu kommt bei vielen Wanderern die Erinnerung an die ersten, meist schmerzhaften Flachetappen an der Isar und die Gewissheit, dass in den nächsten Tagen die Hitze beständig zunehmen wird. Auch Uta und Marina haben im vergangenen Jahr in Belluno aufgegeben. Utas Knie hatten nicht mehr mitgespielt.

Doch die Verlockung, tatsächlich die ganze Strecke von München nach Venedig zu gehen, ist für uns zu reizvoll, als dass wir darauf verzichten wollen. Wer so weit gekommen ist, darf nicht aufhören in Belluno, muss

Ruhetag

sich selbst einen Ruck geben – oder zumindest die letzten Etappen irgendwann nachholen.

»Nein, ein Freibad gibt es hier nicht«, bedauert unsere Zimmerwirtin. Dabei hat die Stadt das schönste Freibad, das man sich vorstellen kann. Der Piave fließt direkt unterhalb der Altstadt, unterbrochen von Kiesbänken, durch eine sattgrüne, hügelige Landschaft. Ein herrliches Fleckchen, um zu baden, die Sonne zu genießen und gleichzeitig den Blick über die traumhaft schöne Kulisse schweifen zu lassen. »Schaut mal, ich habe einen Fisch«, ruft Felix ganz aufgeregt. Tatsächlich ist es den Jungs gelungen, kleine Fischchen mit den Händen zu fangen. Jetzt bauen sie begeistert am Ufer improvisierte Becken, um die Tiere zu beobachten.

»Los, wir lassen uns vom Fluss treiben«, schlage ich den Kindern vor und sie stürmen los. Kurz danach erleben wir einen dieser innigen Momente, die unauslöschlich und mit einem besonderen Gefühl im Gedächtnis bleiben. Wir lassen uns in das allenfalls hüfthohe Wasser gleiten, die Strömung greift beherzt zu. Wir werden energisch, aber doch sanft mitgetragen, rechts gleitet die Altstadt mit ihren Kirchtürmen, rustikalen Dächern und Hausfassaden vorbei. Wir packen uns an den Händen, treiben gemeinsam unter einer steinernen Brücke hindurch und scheinbar direkt auf gar nicht so ferne, schroffe Alpengipfel zu. Vier oder fünf Minuten sind das nur, doch schon allein dafür hat sich Belluno gelohnt.

Der Ruhetag in Belluno bietet Zeit für ein erfrischendes Bad im Piave.

30. Wandertag: Die skurrilste Berghütte der Welt
Belluno – Rifugio 5° Alpini (17 Kilometer)

Vorgesehene Gehzeit 5 Stunden, Realzeit (trotz Seilbahn) 4:30 Stunden

Es hat in der Nacht heftig gestürmt und geregnet, daher sind die Straßen heute Morgen noch nass, die Luft ist kühl und frisch. Die Vögel pfeifen fröhlich, während wir an modernen, erdfarben gestrichenen italienischen Einfamilienhäusern vorbeiwandern. In den gepflegten Vorgärten stehen imposante Fächerpalmen und üppige Bougainvillea und auf den Fensterbänken Kästen mit Geranien. Je weiter wir uns von Belluno entfernen, umso einfacher werden die Häuser. Meist stehen nun Bauernhöfe an den Straßen, die sich den Berg hinaufschlängeln.

Eine breite Forststraße führt uns steil nach oben. Im Tal ist es weiterhin diesig, aber hier oben bricht jetzt die Sonne durch den Dunst. Der Boden dampft, gibt die Feuchtigkeit an die Luft ab und uns fällt das Atmen noch schwerer. Lukas schimpft: »Scheiß Wandern. Warum haben wir eigentlich nicht den Bus genommen, Papa?« – »Weil wir möglichst die ganze Strecke zu Fuß gehen wollen und außerdem im Wanderführer stand, dass sie sehr schön ist«, antworte ich. »Toll!«, meint er sarkastisch und geht weiter. Felix, der nach dem Ruhetag ein bisschen schlapp ist, sagt untypischerweise gar nichts, ringt nach Luft und fällt immer weiter zurück. Sibylle keucht, flucht und hat rote Flecken auf ihrem hübschen Gesicht. Ich beschließe, lieber ein bisschen vorauszugehen. Wenn kein Ansprechpartner da ist, löst sich oft genug auch der Zorn über die Anstrengung in Luft auf.

Das funktioniert eine Zeit lang, dann brüllen alle drei so unüberhörbar wie energisch, dass ich stehen bleiben soll. »Papa, warte!« Und etwas ärgerlicher: »Warum rennst du eigentlich immer voraus?« Das verrate ich jetzt lieber nicht. Viel mehr als Trost und kühles Wasser aus meiner Flasche kann ich aber ohnehin nicht spenden. Immerhin aber überlege ich

30. Wandertag · Belluno – Rifugio 5° Alpini

jetzt, ab dem Wintersportörtchen Nevegal den Sessellift zu benutzen. Ich erwäge einen Scherz: »Ich fahre mit dem Lift und nehme alle eure Rucksäcke mit. Dann tut ihr euch leichter beim Hochlaufen«, schweige dann aber doch lieber. Mein Humor ist nicht immer mehrheitsfähig.

Als wir in Nevegal ankommen, haben wir endgültig keine Lust mehr auf diesen öden Weg. Wir beschließen tatsächlich, dass wir uns nach dreieinhalb Stunden bergauf laufen die Schinderei der nächsten 600 Höhenmeter nicht mehr antun. Blitzschnell mutieren Sibylle und ich von den eben noch »gemeinsten Eltern der Welt« (die die Möglichkeit, hierher mit dem Bus zu fahren, ignorierten) zu den »liebsten Eltern der Welt«. »Ach, Papa«, umarmt mich Felix dankbar. Jetzt noch ein Eis und sie geben uns nie wieder her. Sibylle lässt einen spitzen Schrei los, als sie vom abrupt startenden Sessellift nach oben gerissen wird. Die Einstiegsstelle ist so niedrig, dass sie mit ihrem linken Bein unter das Gestänge kommt und das ganze Bein für eine Sekunde nach hinten gebogen wird. Mit schmerzverzerrtem Gesicht hält sie sich den linken Fuß und tastet ihn vorsichtig ab. Nach ein paar Sekunden gibt sie Entwarnung: »Nichts passiert, aber das war knapp. Wäre ja schön blöd, sich ausgerechnet im Lift das Bein zu brechen.«

Dicke Nebelschwaden auf dem Nevegal verhindern die normalerweise spektakuläre Fernsicht.

Aus der erhofften Fernsicht wird es heute nichts. Dicke Nebelschwaden ziehen aus dem Süden die steilen Hänge des Nevegals hinauf und umhüllen uns, als wir aus dem Sessellift steigen. Wir packen uns dick ein, es pfeift ein eisiger Wind, der mit dem Nebel ausgelassene Spielchen treibt. Er reißt Löcher hinein, die für Sekunden einen Blick auf die Ebe-

Von den Dolomiten nach Venedig

ne freigeben und die wie in einer Eisenbahnlandschaft liegende Alemagna-Autobahn. Diese galt lange als Vorzeigeprojekt, das in den 70er-Jahren Venedig und – ja – München direkt verbinden sollte. Doch in Belluno war Schluss. Naturschützer verhinderten im Einklang mit den Interessenvertretern der Alpendörfer, die vom Tourismus leben, den Bau. Wer auf direktem Weg von München nach Venedig will, muss weiterhin laufen. Auch wenn er, wie wir soeben, auf einem schmalen, graswachsenen Grat gehen muss, auf dem sich ein teils nur zwei Fuß breites Wegelchen schlängelt und keine zehn Meter Sicht herrscht. Immer wieder wird einer von uns komplett vom Nebel verschluckt. Unheimlich.

Unfassbar: Hinter den Masten versteckt sich das Rifugio 5° Alpini.

Als wir gestern aus der Ferne unser Tagesziel auf dem Col Visentin sahen, konnten wir es nicht glauben, dass dort die Hütte sein sollte. Als wir heute tatsächlich vor dem vielleicht 20 Meter hohen Hügelchen stehen, schwanken wir zwischen Faszination und Erschütterung. Das Rifugio 5° Alpini ist keine Berghütte, es ist ein Albtraum aus Metall und Stein. Aus manchen Perspektiven ist das Haus selbst fast nicht zu sehen. Rechts, links, davor und dahinter reckt sich ein ganzes Meer von bis zu 30 Meter hohen Antennen gen Himmel. Funkmasten und Stahltürme mit meterhohen Reflektoren ragen in die Höhe und selbst auf dem kleinen Leuchtturm, der an das Haus gemauert wurde, sind noch ein paar technische Geräte angebracht. Die Nebengebäude bilden militärisches Sperrgebiet. Etwas Schlimmeres kann man einem Berg kaum antun.

Dafür hat der freundliche Wirt für die Kinder eine Überraschung parat. Er zeigt ihnen ein kleines Lämmchen, das unbeholfen in einem improvisierten Auslauf direkt vor der Terrasse auf seinen dünnen Beinchen umherstakst. Es ist erst drei Tage alt und guckt treuselig in eine Welt, die vor allem aus Antennenmasten zu bestehen scheint. »Ach, ist das süß«, schmilzt Lukas dahin und Felix will später unbedingt beim Füttern helfen. Er ist so gerührt über das zerbrechliche Tierchen, dass er kaum wagt, es zu streicheln. Das Lämmchen wird von den Wirtsleuten mit der Babyflasche aufgezogen. Ganz liebevoll nimmt es die Wirtin in den Arm und lächelt selig. Als wäre es ihr eigenes Baby. Eine skurrile Krippenszene am wohl unpassendsten Ort der Welt.

»Kommt rein, ich zeige euch das Zimmer«, sagt Giovanni in bestem Deutsch. Der bullige Mann mit dem langen weißen Vollbart, führt uns eine Wendeltreppe hinunter in einen halbdunklen Keller. Als wir einen Blick in das fensterlose Lager werfen, erschrecken wir. Etliche Stahlbetten sind in dem spürbar feuchten Raum mit der niedrigen Decke aufeinandergestapelt, es riecht modrig. »Nein, für Familien habe ich ein Spezialzimmer«, sagt er und geht mit uns einen schmalen Gang entlang bis vor eine dunkelbraune Sperrholztür. »Hier drin ist wenigstens ein Fenster und ihr seid außerdem allein«, freut er sich, uns etwas Nobleres anbieten zu können. Natürlich sind wir froh, nicht im Lager hausen zu müssen, gut ist das hier aber trotzdem nicht. Die beiden eisernen roten Stockbetten sind durchgelegen, alles wirkt verlottert und heruntergekommen. Sibylle verzieht das Gesicht. »Am liebsten würde ich weitergehen«, grantelt sie, als Giovanni gegangen ist, »das ist das Letzte hier. Mir graust es richtig vor der Nacht.«

Doch der Gastraum und das nette Wirtspaar entschädigen für den mangelnden Komfort. In der sicherlich skurrilsten Unterkunft der ganzen Wanderung hängen Stahlhelme, Abzeichen, militärische Geräte und Fotos an den Wänden oder liegen in Vitrinen. Sie zeugen von der militärischen Vergangenheit der Hütte und den Qualen, die die Soldaten im Ersten Weltkrieg in bitterer Kälte auf diesem Bergrücken erdulden mussten. Wimpel, Zeitungsausschnitte und Urkunden hat Giovanni ebenfalls aufgehängt. Darunter auch ein paar Artikel über den München-Venedig-Weg und die Vergrößerung eines Bildes, das Ludwig Graßler am offenen Grill der Gaststube zeigt. Giovanni hat aus Alufolie einen Rahmen darum gebastelt und diesen mit Filzstift beschriftet: »1974 1x München–Venedig«. Da sitzt er nun, der junge Graßler bei der Erstbegehung, streckt die Füße mit den dicken Wollsocken in Richtung Feuer und ahnt nicht, dass sein Weg einer der bedeutendsten Weitwanderwege über die Alpen werden würde.

Giovanni ist bekannt für seine gute Küche. Alles wird am offenen Holzfeuer des monströsen, gut vier Quadratmeter großen Grills, der den gesamten Raum optisch bestimmt, frisch zubereitet. Manchmal, so wird berichtet, schleppt er eine ganze Vorderschulter aus dem Kühlraum, wenn einer fragt, was es denn heute gebe, und lässt den Gast das gewünschte Stück gleich selbst auswählen. Den Kindern hätte das sicher gefallen, doch heute gibt sich Giovanni als Gourmetkoch. Mit leuchtenden Augen beschreibt er, wie er die Zucchini, Auberginen und Bohnen zubereiten wird und welche Stücke vom Rind oder Lamm er anbieten kann. Er schildert das alles so euphorisch, dass wir die gebrutzelten Fleischstücke fast schon riechen können. Wie wild arbeitet er danach eine Zeit lang am Grill und präsentiert dann ein Essen, das zwar einfach klingt, aber unvergleichlich schmeckt. Zartes Rindergulasch mit einer himmlischen Soße und die beste Polenta unseres Lebens. Der Gemüseteller ist ebenfalls ein Traum und der Hackbraten – ich hasse so etwas normalerweise – grandios. Es ist zweifellos das bisher beste Essen der gesamten Tour.

»Ach, ist das kuschlig hier«, sagt Felix später und vergräbt sich in den stinkig-feuchten Wolldecken seines Bettes. Sibylle lacht laut auf und ich pruste ebenfalls los. So gut wie möglich versuchen wir, den Heiterkeitsanfall zu unterdrücken. Ist ja schön, wenn Felix sich in unserer Miefbude – Sibylle spricht nur noch von der »Gruft« – wohlfühlt.

31. Wandertag: Eine Villa in Tarzo
Rifugio 5° Alpini – Tarzo (22 Kilometer)

Vorgesehene Gehzeit 6 Stunden, Realzeit 8:15

Ohne dass wir irgendetwas sagen, entschuldigt sich Giovanni für den muffeligen Raum, den er uns gestern freilich noch wie eine Suite angepriesen hatte. »Oben, im ersten Stock, wären genügend sehr schöne Zimmer«, erklärt er sein Problem, »ich darf nur niemanden reinlassen, weil das Militär sie als eventuelle Unterkünfte blockiert. Dabei stehen sie mit gemachten Betten das ganze Jahr über leer.« Man kann dem Wirt und seiner Frau wirklich nicht böse sein, er hätte uns auch lieber etwas Besseres angeboten als unsere »Gruft«.

Er begleitet uns noch aus der Hütte und lässt sich gerne fotografieren. Sein Schäferhund steht neben ihm auf einem Tisch, er nimmt ihn freundschaftlich in den Arm und lächelt. Irgendwie scheint Giovanni hier oben glücklich zu sein.

Die erhoffte Fernsicht bleibt uns auch heute verwehrt. Die weite, flache Ebene, die sich bis ans Meer erstreckt, ist allenfalls zu erahnen. Immer wieder wollen die Kinder wissen: »Wo genau ist Venedig?« Man spürt, dass die Aufregung vor dem großen Ziel mit jedem Schritt ein kleines Stückchen wächst.

Ein letzter Gruß von Wirt Giovanni: sein Wegweiser, den wir schlichtweg ignorieren.

Beschwingt gehen wir den geschotterten Fahrweg entlang. Struppige Weiden und kleine Hügelchen säumen die lang gezogenen Serpentinen, die uns stetig nach unten leiten. Die Jungs halten weiten Abstand zu uns.

Sie erzählen sich selbst erfundene Geschichten, kichern und lachen schallend. Stundenlang geht das so. So ausgelassen wie beim Wandern sind sie sonst nur selten.

Plötzlich ein Déjà-vu. Ein hölzerner Wegweiser ist mit breiten schwarzen Pinselstrichen beschriftet, zeigt rechts nach München und links nach Venedig. Wir stehen plötzlich vor dem Titelbild unseres Reiseführers. Wir sind so verzückt, dass wir den eigentlichen Sinn des Wegweisers nicht realisieren. Dabei hätte es Giovanni deutlicher nicht aufmalen können, dass wir an dieser Stelle nach oben und eben nicht links der Straße nach unten folgen sollen. Zu spät. Als wir uns auf den Karten endgültig nicht mehr auskennen und uns an diesen eigentlich überdeutlichen Hinweis erinnern, sind wir schon viel zu weit, als dass wir noch umkehren wollten.

Unten im Tal liegt malerisch Revine und dahinter lockt der gleichnamige See, gefolgt vom Lagosee. Der ist unser Ziel für ein Bad am frühen Nachmittag. Die Jungs freuen sich schon aufs Planschen. Nur gut, dass sie von dem viereinhalbstündigen Abstieg nichts ahnen.

Mit jedem Schritt wird es ein bisschen wärmer. Selbst beim Bergabgehen, nun entlang einer schmalen, unbefahrenen Teerstraße, kommen wir mächtig ins Schwitzen. Ein erster Vorgeschmack auf die nächsten Tage. In einem Internetforum wurde vor der Hitze gewarnt: »Es war bereits am späten Vormittag so heiß, dass wir schon vor dem Morgengrauen aufgestanden sind, um zumindest die ersten beiden Stunden ohne diese Hitze laufen zu können«, schrieb »Bulli«. Notfalls ziehen wir auch das durch.

Der erste der beiden nur durch einen schmalen Steg voneinander getrennten Seen ist eine absolute Enttäuschung. Das Ufer ist so dicht mit Schilf bewachsen, dass gar nicht daran zu denken ist, hier zu baden. Frustriert schlappen die Jungs am Ufer entlang. »Wir hatten uns so gefreut«, klagt Felix enttäuscht. Aber es gibt zum Glück noch den zweiten See. Der ist etwas größer und nach ein paar Minuten entdecken wir sogar einen strandähnlichen Abschnitt. Ein Angler ergreift sofort und wortlos die Flucht.

31. Wandertag · Rifugio 5° Alpini – Tarzo

Den immer reizvollen Wettbewerb, wer sich nun am schnellsten umgezogen hat und als Erster ins Wasser stürmt, gewinne ich. Lukas kräht zornig: »Ich kann meine Badehose nicht finden.« Felix bekommt die Teva-Sandalen nicht schnell genug an die Füße, flucht unanständig, bleibt dauernd mit den Klettverschlüssen irgendwo hängen und will nun ohne Schuhe ins Wasser. Das verbiete ich ihm, immerhin könnte er in eine Scherbe treten. Außerdem verschafft mir das einen komfortablen Vorsprung. Ich stürze mich ins Wasser. Gemeiner Papa!

Vom Lagosee ist es nicht mehr weit bis nach Tarzo. Eine gute Stunde nur, in der wir noch eine kleine Steigung auf einer Straße zu bewältigen haben. Die Hitze ist drückend und wir versuchen, die restliche Strecke so schnell wie möglich hinter uns zu bringen. Tarzo ist ein typisch italienisches Straßendorf mit gesichtslosen Häusern, mittags geschlossenen Lebensmittelläden, einer erstaunlich großen Kirche, aber immerhin

Starke Kontraste: vor Stunden noch auf einer Berghütte, jetzt in einer mediterran geprägten Landschaft bei Tarzo.

einer gut frequentierten Eisdiele. Wenn schon die den Kindern versprochenen Besuche bei jedem auf dem Weg liegenden McDonald's-Restaurant bisher mager ausfielen, dann kehren wir eben ab sofort in jeder erreichbaren Eisdiele ein. Da freut sich dann auch Papa!

Und wie so oft, wenn man gar nicht damit rechnet, trifft man auf alte Bekannte. Die beiden, die sich nun mit ihren Rucksäcken und Schlapphüten mühsam die Straße heraufkämpfen und einen spontanen Schwenk einlegen, als sie die Gelateria-Leuchtschrift erspähen, erkennen wir schon von Weitem. Es sind Gabi und Stefan, die zu Joachims Gruppe gehörten.

Etwas erfrischt brechen wir gemeinsam wieder auf. Es dürften nur noch ein paar Meter sein zu unserem Ein-Sterne-Hotel. Ein bisschen skeptisch sind wir schon. Wie viele Sterne hatte das Rifugio 5° Alpini eigentlich? »Gibt's die auch im Minusbereich?«, scherzt Sibylle. Dann eine kleine Linkskurve, rechts scharf ums Eck und es erwartet uns ein herrschaftlicher Anblick. Das kleine Sträßchen führt zu einem weit geöffneten Eisentor, hinter dem sich ein gekiester Platz befindet. Im Zentrum des Bildes ein dreistöckiges Herrenhaus, davor kugelrunde Buchsbäumchen und rechts ein kleiner Sommergarten, der einen Panoramablick weit über das Tal erlaubt. Willkommen im Ai Pini. In der Eingangstür steht die Besitzerin in einer altertümlichen weißen Schürze, zeigt das herzlichste Lächeln der Welt und begrüßt die Jungs mit freudigem Applaus: »Bravi, bravi bambini!«

Lukas (links) und Felix genießen die Aussicht von ihrem Zimmer.

Wir fühlen uns sofort wie zu Hause. Das Ai Pini ist für jeden Romantiker ein kleiner Traum. Nur wenig wurde modernisiert, das Haus verströmt den Charme eines altehrwürdigen Hotels, das seine glanzvollsten Tage zwar hinter sich hat, aber immer noch tipptopp gepflegt ist. Die

31. Wandertag · Rifugio 5° Alpini – Tarzo

Küche, in der die Besitzerin lautstark mit ihrem Team werkelt, dürfte gute 100 Quadratmeter haben. Unzählige Pfannen hängen an eisernen Haken, riesige Töpfe stehen auf den Kochstellen und ein knapp drei Meter hoher offener Kamin wird für Grillgerichte genutzt. »Kommen Sie herein«, meint die Herrin der Kochtöpfe und zeigt mir auch gerne, welche Suppen und Soßen schon spätnachmittags für das Abendmenü in den Töpfen köcheln und bereits verführerisch duften.

Über schwere eichene Treppenstufen geht es nach oben in einen länglichen Saal, von dem die Zimmer abgehen. Die kühlen Räume suggerieren eine weitere kleine Zeitreise. Kunstvoll geschmiedete Eisenbetten sind mit weißer, frisch gebügelter Bettwäsche bezogen. Die antiken Möbel wurden zwar restauriert, sind aber Gebrauchsgegenstände und strahlen nicht die Aura von Museumsstücken aus. Ein altmodisches Waschbecken, selbstverständlich mit zwei Wasserhähnen, komplettiert den Raum. Unglaublich, wie viel wohler man sich in einem Zimmer fühlen kann, das nicht feucht ist und muffelt – selbst wenn das Bad auf dem Gang ist. Ai Pini, wir kommen irgendwann wieder. Der Italiener isst gerne drinnen, der Deutsche fühlt sich unter freiem Himmel wohler. Also sitzen wir, während drinnen der Speisesaal bis auf den letzten Platz gefüllt ist, mit Gabi und Stefan als Einzige unter Weinreben auf der Terrasse, hören den Grillen zu und blicken weit über das

Zweifellos ein Geheimtipp ist das altehrwürdige Hotel Ai Pini in Tarzo.

Tal. Wenn alle anderen schlemmen, tun wir das auch. Daher gibt es heute zum deutlich geäußerten Missfallen der Kinder (»Wir wollen so ein

Von den Dolomiten nach Venedig

Zeug nicht essen!«) gebackenes Kalbfleisch in Oregano, eingelegte Sardellen, hausgemachte Bandnudeln mit Lachs, italienisches Gemüse, Salat, Hühnchen und eine interessante Vorspeise: Tomaten, Gurken und geröstetes Weißbrot, alles gewürfelt, vermengt und serviert mit feinstem Olivenöl. »Ihhh«, schüttelt sich Lukas, als er die eingelegten roten Bohnen auf seinem Teller entdeckt. Er kann sie nur essen, wenn er sich gleichzeitig die Nase zuhält und uns allen ständig verkündet, »wie scheußlich das ist«.

Während wir noch genießen, verziehen Lukas und Felix sich in ihr Zimmer. Irgendetwas hecken sie aus. Schließlich stehen sie freudestrahlend vor uns, eine Liste in der Hand. »Wir wollen unser Urlaubsgeld aufbessern«, verkündet Lukas, »und deshalb haben wir uns etwas ausgedacht.« Eine Zehn-Punkte-Liste mit Massagen oder kleinen Bootsausflügen für Sibylle und mich, wenn wir dann »endlich im Urlaub«, also nach der Wanderung noch zwei Wochen am Meer sind. Sie organisieren, erwarten aber einen kleinen Obulus von uns. Eine Massage für den Spottpreis von 50 Cent etwa. Da muss man einfach zugreifen.

Als die letzten italienischen Essensgäste im Ai Pini eintreffen und der Hof nun endgültig zugeparkt ist, sind wir bereits auf dem Weg ins Bett. 22 Uhr, eine gute Zeit für Wanderer.

32. Wandertag: Proseccotrauben und ein verborgener Aschram
Tarzo – Ponte della Priula (28 Kilometer)

Vorgesehene Gehzeit 6:30 Stunden, Realzeit 9:45 Stunden

»Stille Wege durch die Weinberge«, verheißen die Reiseführer und da wir bereits gegen acht Uhr aufbrechen, dürfte es auch noch eine Zeit lang kühl bleiben. Unsere heutige Tagesetappe von 28 Kilometern ist allerdings Respekt einflößend. Das Bild ist ein ganz anderes als in den vergangenen Wochen. Anstatt unüberwindbarer Felsmassive bestimmen nun sanfte Hügel die sattgrüne Landschaft. Sie werden intensiv zum Weinanbau genutzt. Die Proseccotraube gedeiht hier ganz besonders gut.

Es ist ein heiteres, unbeschwertes Gehen auf diesen Wegen. Wir laufen durch einsame Täler, an ausgestorben wirkenden Höfen vorbei – und entdecken sogar einen Aschram, der sich romantisch zwischen zwei Hügeln und hinter hohen Bäumen versteckt. Ein leise plätschernder Bach windet sich an dem Anwesen vorbei. Sicher ein harmonisches Plätzchen für Ruhe- oder gar Erleuchtung-Suchende inmitten unverfälschter Natur.

Die standesgemäße Villa eines Prosecco-Barons.

Die Weinberge werden immer flacher und wir gehen langsam auf das Schwemmland des Piave zu. Eine schnöde Teerstraße führt zielstrebig in Richtung Süden. Es scheint eine wohlhabende Gegend zu sein. Schmucke Häuser, stattliche alte Villen und Weinfelder säumen die Straße. Als ich eines der herrschaftlichen Häuser fotografiere, fährt ein wohlbeleibter älterer Herr in die gekieste Einfahrt. Er ist sichtlich erfreut, dass ich sein Domizil so schön finde. »Prosecco?«, fragt er mich mit einladendem Lächeln.

»Si«, antworte ich, da ich davon ausgehe, dass Sibylle und die Kinder vor der Hofeinfahrt auf ihren fotografierwütigen Mann und Vater warten oder nachkommen. Ich gerate ein wenig unter Druck, als ich sehe, dass dem nicht so ist. Außerdem habe ich die Ruhe, mit der ein älterer italienischer Herr seinen Tag genießt, bei Weitem unterschätzt. Bis der Prosecco-Baron – das nehme ich ob seines Auftretens und der Villa jetzt einfach mal an – bei der Haustür angelangt ist und den Schlüssel so umständlich wie wortreich aus der Hose gezogen hat, sind die Kinder längst außer Rufweite. »Scusi, mamma, bambini, avanti«, versuche ich ihm in meinem fragmentösen Italienisch zu erklären und wedle mit meinem rechten Arm in Richtung Venedig. Er lacht nicht einmal, dabei hätte ich ihm das durchaus verziehen, sondern lächelt nur höflich. Aber immerhin versteht er mein Problem. Ich lächle ebenfalls, verabschiede mich mit Handschlag und eile meiner Familie hinterher. »Das mit dem Prosecco holen wir irgendwann nach«, sage ich auf Deutsch. Er lächelt immer noch, versteht kein Wort. Aber er winkt mir noch eine Zeit lang nach.

Es ist nicht nur warm, sondern richtig heiß. In der Mittagshitze sind offensichtlich ausschließlich wir auf den Beinen. Alle Straßen und Ortschaften sind wie ausgestorben, was mich an das schöne griechische Sprichwort erinnert: »Mittags sind nur Esel und Touristen unterwegs.« Aber was bleibt uns übrig?

»Hier gibt es eine Eisdiele«, verkünde ich, nachdem wir Barbisanello erreicht haben. Ein kurzer Jubelschrei, dann aber die schnelle Ernüchterung, als klar wird, dass es eben nichts umsonst gibt im Leben, nicht einmal ein Eis. Der Weg zum »Tutto Gelato« ist mit einem nicht unerheblichen Umweg verbunden. 15 Minuten mindestens. Keiner spricht mehr, alle stapfen nur noch verbissen die lange, gesichtslose Straße entlang. Ich kann mich nicht erinnern, mich jemals so auf ein Eis gefreut zu haben. Die Kinder sind noch relativ gut unterwegs, aber Sibylle ist völlig am Ende. Als wir endlich da sind, bringt immer noch keiner ein Wort heraus, außer: »Kann ich noch eine Kugel haben?« Klaro, beim Thema Eis gibt es bei mir kaum Grenzen.

32. Wandertag · Tarzo – Ponte della Priula

Ein etwas abenteuerlicher, aber landschaftlich reizvoller Pfad führt über einen Bach, mitten durch Weinberge und einen kleinen Hügel hinauf auf einen Fahrweg. Es wurde uns nicht zu viel versprochen. Auch die erste Flachetappe hat ihren ganz eigenen Charme und auf Straßen gehen wir nun relativ selten.

Wir sind schon fünfeinhalb Stunden unterwegs und das merken wir am immer deutlicher nachlassenden Tempo. Die Eispause ist auch schon eine Stunde her und etwaige Euphorie längst verflogen. Als die mächtigen Mauern der Burg von Collalto auftauchen, denke ich mir: »Die schauen wir an. Das wird die Kinder wieder aufbauen.« Was sind wir Eltern doch für Fantasten? »Nein. Die sehe ich mir ganz sicher nicht an«, jagt Lukas in pubertär-aggressivem Tonfall all meine romantischen Vorstellungen einer spannenden Burgbesichtigung zum Teufel, »das könnt ihr total vergessen!«

Warum er keine Lust hat, verstehe ich nicht. Daheim findet er Ritter toll, hat sein Zimmer so flächendeckend mit Playmobil- und Lego-Ritterburgen zugebaut, dass der kurze Weg zum Fenster einem Kreuzzug gleicht. Er malt Burgen, er spielt Ritter-Strategiespiele auf dem PC, er absolviert Schwertkämpfe mit seinem Bruder. Nur eine richtige Burg interessiert ihn nicht. Er schultert seinen Rucksack und geht wortlos weiter. Es reicht schon, wenn der verrückte Vater unbedingt nach Venedig laufen will.

Eine einsame Allee führt zum letzten Hügel dieser Wanderung. Die Jungs plaudern und schreiten zielstrebig voran.

Eine lange, einsame Allee führt uns auf den allerletzten Hügel dieser Wanderung. Rechts davon öffnet sich der Blick weit in das zersiedelte Flachland, die große südliche Tiefebene, an deren Ende das Meer und eben auch Venedig auf uns wartet. Es ist dunstig und deshalb ist der Piave, auf den wir in ein paar Stunden treffen werden, nur unklar als grün umrandetes Band zu erkennen.

Trotz der Mühen und der Hitze kommt bei mir zunehmend eine gewisse

Von den Dolomiten nach Venedig

innere Freude und Zufriedenheit auf. Mit jedem Schritt wird es wahrscheinlicher, dass wir auch die letzten Etappen durchstehen und unser Ziel erreichen werden. Auch wenn Sibylle gut zwei Stunden nach der Allee tatsächlich kurz davor ist, in einer weiteren Eisdiele einfach sitzen zu bleiben. Sie zieht die Wanderstiefel aus, will kein Eis, sondern einfach nur literweise kaltes Wasser.

Ich locke alle mit dem Versprechen auf ein baldiges Bad im Piave. Nur 500 Meter von uns entfernt ist der Damm, auf den wir, nachdem wir Sibylle aus ihrem Stuhl hochgezogen haben, nun festen Schrittes zugehen. Die Aussicht auf ein Bad hilft immer.

Dann liegt er vor uns, der Fluss, den wir fortan auf seinem Weg bis kurz vor die Mündung in die Adria begleiten werden. Das breite Flussbett verzweigt sich in viele Arme ganz unterschiedlicher Breite, die große, bewachsene Kiesbänke umspülen. Rechts und links verhindert ein Damm größere Überschwemmungen nach der Schneeschmelze. Der Weg auf diesem Damm ist leicht und schön zugleich und wenn wir nicht so fertig wären, könnten wir ihn richtig genießen. Es ist 16 Uhr, als wir endlich eine mächtige Piavebrücke sehen und wissen, dass wir auch heute unser Tagesziel erreichen.

Ein Radler fällt fast vom Sattel, als er im Vorbeifahren registriert, dass sich Sibylle auf einer der Kiesbänke umzieht und ungeniert in ihren Bikini schlüpft. Ich lache, ihr ist es egal. »Eigentlich müsste das Wasser zu kochen beginnen, wenn ich meine Füße reinhalte«, brummt sie. Erwartungsgemäß passiert nichts – außer, dass ich nach ihrem kurzen Bad in den eiskalten Fluten wieder eine bestens gelaunte Frau an meiner Seite habe.

Eigentlich würden wir gerne noch länger hier planschen, aber wir haben schlichtweg Hunger. Wir sind 28 Kilometer bei größter Hitze ge-

Sibylle kann nichts mehr halten: Die Füße glühen, sie will jetzt nur noch ins Wasser.

laufen und haben nur Eis und Kuchen gegessen. Jetzt bilden wir uns riesige Pizzen und einen Pott Salat ein. Das allerdings soll noch ein wenig dauern.

Der Name Ponte della Priula klingt nett, doch in Wahrheit ist der Ort eine einzige Katastrophe. Links der Brücke entstand an der Bundesstraße nach Venedig ein Straßendorf, das sich ganz auf Fernfahrer spezialisiert hat. Heruntergekommene Bars, billige Hotels und eine endlose, stinkende Fahrzeugschlange prägen die Einfallstraße des Ortes. Wir peilen eine auf den ersten Blick etwas schäbig wirkende Unterkunft direkt an der Brücke an, in der uns zwei charmante ältere Damen zwei Zimmer für insgesamt 96 Euro mit Frühstück anbieten. Eine der beiden ist so entzückt von unseren blonden Jungs, dass sie zu deren Entsetzen Anstalten macht, sie zu küssen. Gerade noch rechtzeitig sieht sie doch noch davon ab. Ein lang gezogenes »Ihhh« hätte wohl keiner Übersetzung bedurft.

Ein Hauch vom Charme vergangener Zeiten schwebt über dem Albergo Ponte Priula. Das schmucklose, einstöckige Haus verfügt über ausladende Gasträume, jeder Tisch ist fein säuberlich gedeckt. Ein plüschig wirkender Gang mit rotem Teppich führt im ersten Stock zu den Zimmern. Die wirken ebenfalls wie ein Relikt aus der Vergangenheit, sind einfach eingerichtet, aber sauber und durchaus akzeptabel. Lediglich ein Teil unseres Bettes bricht gleich mal auseinander.

Wir sagen sofort zu, da wir nach mittlerweile neun Stunden und 45 Minuten auf den Beinen glauben, einfach nicht mehr in der Lage zu sein, auch nur einen weiteren Kilometer zu laufen. Wie man sich täuschen kann: Tatsache ist, dass wir an diesem Tag noch sehr viel weiter gehen werden als lediglich einen Kilometer.

»Nein, wir haben keine Pizza«, schüttelt die Hotelbesitzerin auf unsere Frage den Kopf: »Aber ich weiß, wo Sie hingehen können. Ein paar Minuten die Straße hinunter ist eine sehr gute Pizzeria.« Die paar Minuten ziehen sich. Sehr sogar. Gut 20 Minuten »schlendern« wir in immer schlechterer Stimmung in Richtung des unansehnlichen Ortskerns, während gefühlte 10 000 Laster einen halben Meter entfernt an uns vorbeidonnern. Ich kann kaum mehr laufen, ohne zu humpeln, fluche innerlich vor mich hin, gebe mich aber äußerlich souverän und gelassen. Zumindest einer muss die Illusion aufrechterhalten, dass das alles hier ganz easy ist.

Dann stehen wir mit dem Visitenkärtchen, das uns die Dame des Hauses gegeben hat, vor der vermeintlichen Pizzeria. Sie entpuppt sich als kahler, neonhell erleuchteter Schnellimbiss mit Stehtischen. Wir sind erst einmal sprachlos.

»Gibt es irgendwo in diesem Ort eine Pizzeria, in der man auch sitzen kann?«, frage ich die nette Bedienung. Sie weiß nichts, aber der Koch ist so rührend, dass er anbietet, im Hinterhof des Hauses einen Tisch aufzustellen und diesen nur für uns zu decken. Dann fällt ihm doch noch ein »Ristorante« ein. »Nur drei Minuten von hier«, strahlt er, kann aber natürlich nicht wissen, dass wir zu Fuß sind. Einfach zurück zur Brücke, auf der anderen Seite ist eine sehr gute Pizzeria. »Das gibt es doch nicht«, stöhnt Sibylle. Wir gehen also die 20 Minuten wieder zurück, passieren unser Hotel und laufen noch einmal knappe fünf Minuten über die Piavebrücke. Es ist wie in einem Slapstick-Film. Wir sind nach neundreiviertel Stunden Wandern fast eine Stunde unterwegs, um zu einem Restaurant zu gelangen, das fünf Minuten entfernt ist. Ich bewundere Sibylle und meine Jungs, dass sie auch das noch halbwegs klaglos mitmachen.

Noch grotesker wird die Situation aber im Nachhinein, als wir erfahren, dass unser Albergo Ponte Priula bekannt ist für sein gutes Essen und opulente mehrgängige Menüs inclusive Wein und Wasser für zehn Euro anbietet.

Um nach dem ereignisreichen Tag auch noch die Nacht zur Tortur zu machen, schalte ich versehentlich die Klimaanlage aus. Sie kühlt nun nicht, sondern bläst einfach nur die gut erwärmte, abgasgeschwängerte Luft der Straße zu uns nach drinnen. Kein Wunder, dass wir morgens schweißgebadet aufwachen.

33. Wandertag: Der größte Diamant der Welt
Ponte della Priula – Bocca Callalta (26 Kilometer)

Vorgesehene Gehzeit 6 Stunden, Realzeit 10:15 Stunden

Weckzeit ist bereits um 7:30 Uhr. Wir müssen früh los, um in der Mittagshitze entweder pausieren zu können oder dann bereits auf unserem vorgebuchten Bauernhof zu sein. Ich spekuliere insgeheim darauf, dass wir unseren Wandertag bereits um 13:30 Uhr beenden können, äußere das aber nicht, da ich von meiner Familie ohnehin nur Hohngelächter ernten würde.

Ein paar Meter marschieren wir in Richtung Brücke, doch vor dem steinernen Bauwerk zweigt links der Hochwasserdamm ab, an dem wir uns heute den ganzen Tag lang orientieren werden. Schon nach ein paar Metern ist der Verkehrslärm nur noch ein Rauschen und wir sind wieder auf dem Weg nach Süden. Immer beschwingter, Venedig ist nicht mehr fern.

Nach ein paar Hundert Metern ist der Damm so zugewachsen, dass es kein Durchkommen mehr gibt. Also müssen wir ausweichen. Zunächst durch ein Kieswerk, dann rechts um ein militärisches Gelände herum. Ich stapfe über eine Düne, als Felix plötzlich aufschreit. Entsetzt laufe ich ein paar Schritte zurück – und schaue in sein strahlendes Gesicht. Er hat einen durchsichtigen, taubeneigroßen Kristall im Sand entdeckt und hält ihn mir stolz entgegen. »Schau dir den mal an«, sagt er überglücklich, »endlich habe ich einmal etwas Wertvolles gefunden.« Für einen Zehnjährigen ist die Welt noch voller Zauber. Und für den Vater eines Zehnjährigen ist sein Söhnchen mitunter Grund für eine wunderbare Zeitreise. Ich überlege, was ich selbst als Kind gefühlt hätte? Ich hätte einfach die Träume fliegen, die Fantasie Purzelbäume schlagen lassen. Vielleicht, ja wahrscheinlich sogar, hätte ich gehofft, gerade den größten Diamanten der Welt in Händen zu halten.

Irgendwann, nach Stunden in der glühenden Hitze, treffen wir kurzzeitig Gabi und Stefan wieder. Sie haben ebenfalls in Ponte della Priula übernachtet, sind aber nach uns aufgebrochen. Sie sind etwas schneller und entschwinden bald wieder unserem Blickfeld.

Mittagspause: Die Hitze ist fast unerträglich.

Unser Mittagessen im Schatten eines Baumes fällt heute dürftig aus. Leckere italienische Salami, dazu aber fetttriefende Rosmarin-Bruschettas, die kaum essbar sind. Als würden wir Hase und Igel spielen, holen uns kurz danach Gabi und Stefan wieder ein. Keine Ahnung, wie sie es geschafft haben, erneut hinter uns aufzutauchen.

Noch ist es heiß, doch im Westen zieht ein beeindruckend schwarzes Gewitterband auf, das den ganzen Himmel einnimmt. Inzwischen ist es früher Nachmittag und eigentlich sollten wir bald am Tagesziel sein. Zwar nicht nach den geplanten sechs Stunden, aber immerhin noch so, dass der Rest des Nachmittages dem Ausruhen dienen könnte. Doch die Wegführung ist so undurchsichtig, dass ich sogar den Kompass zu Hilfe nehme. Fatalerweise laufen wir in Richtung Osten und das ist komplett falsch.

An einem Bauernhof verabschieden wir einmal mehr Gabi und Stefan, die heute nach Callalta weitergehen werden, während wir auf einem Bauernhof hier in der Nähe übernachten. Da wir nun überhaupt nicht mehr wissen, wo unsere Unterkunft liegen könnte, fragen wir auf dem Gehöft nach. Oma, Opa, Enkel, junge Mütter, eine ganze Großfamilie strömt aus dem Haus und freut sich fröhlich schwatzend, uns helfen zu

33. Wandertag · Ponte della Priula – Bocca Callalta

können. »No italiano, english«, versuche ich zu erklären, dass ich jemanden bräuchte, der Englisch spricht. »Uno momento«, sagt der Sohn des Hauses und eilt ins Haus. Wir stehen nun sicher schon eine gute Viertelstunde hier. Die Rucksäcke werden immer schwerer, die Oberschenkel protestieren und die Wolken ziehen näher. Weitere fünf Minuten später kommt der junge Mann wieder und strahlt über beide Ohren. Es ist wirklich rührend. Er hat uns auf die Schnelle mit dem Bleistift eine kleine Straßenkarte gemalt und überreicht sie uns nun stolz. Aber wie kommen wir aus der Nummer jetzt wieder heraus? Wir wollen ihn nicht kränken, aber wir werden ganz sicher nicht die von ihm vorgeschlagene Dreiviertelstunde zurücklaufen. Lieber gehen wir gleich

Ein eindrucksvolles Panorama bietet sich bei einem Blick zurück: die Alpen.

weiter nach Callalta. Vorsichtig erkläre ich das Problem, werde aber, wenn überhaupt, dann allenfalls teilweise verstanden. Trotzdem winkt uns die ganze Familie freundlich nach, als wir zügig in die – ihrer Meinung nach – völlig falsche Richtung weitermarschieren.
Als es kurz danach leicht zu regnen, dann zu donnern, zu blitzen und regelrecht zu schütten beginnt, flüchten wir uns unter das ausladende

Dach eines verlassenen Bauernhofs. Wir machen es uns zwischen den alten rostigen Mähdreschern und erdverklumpten Pflügen so gemütlich, wie es eben geht. Sibylle ist stinksauer ob der Unterbrechung, wahrscheinlich ist sie einfach fertig. Als ich sie in ihrem Zorn auch noch zu fotografieren beginne, ernte ich ein wütendes »Du hörst jetzt sofort auf!«. Ein klein wenig lächelt sie dabei und ich drücke noch mal auf den Auslöser.

Kurz vor dem Ziel noch eine kleine Überraschung, das Hase-und-Igel-Spiel geht in eine neue Runde: Weit hinter uns kommen Gabi und Stefan angeschlappt, er mit sichtlichen Fußproblemen.

Es ist eine Erlösung, als nach gut zehn Stunden die Piavebrücke zu sehen ist. Nur noch eine Viertelstunde, dann können wir endlich die Wanderschuhe ausziehen und uns unter eine heiße Dusche stellen. Das Vierbettzimmer geht zwar zur Straße, sodass wir nachts die Fenster nicht öffnen können, aber wir hätten nach diesem Tag vermutlich auch in einem direkt an der Straße aufgestellten Bett schlafen können.

War die Etappe schön? Lohnt es sich, durch die Ebene zu laufen? Eine Frage, die wir uns immer wieder aufs Neue stellen und auf die wir immer die gleiche Antwort finden, ein eindeutiges »Ja«. Es ist anders als in den Bergen, ganz anders, aber es ist eine schöne Abrundung des Traumpfades. Eine langsame Vorbereitung, eine sachte Annäherung an das große Ziel Venedig.

34. Wandertag: Auf Hemingways Spuren
Bocca Callalta – Caposile (24 Kilometer)

Vorgesehene Gehzeit 6 Stunden, Realzeit 8:30 Stunden

Der vorletzte Wandertag beschert uns unerwartete Fernsicht über die weite Ebene. Die ganze Alpenkette mit ihren schneebedeckten Gipfeln breitet sich hinter uns aus, immer deutlicher sind mit dem abnehmenden Morgendunst Details und einzelne Bergspitzen zu erkennen. Es ist erstaunlich, wie weit entfernt die Berge – auch gefühlsmäßig – bereits sind.

Rechts und links des Dammes erstrecken sich ausgedehnte Maisfelder und kilometerweit, so scheint es, Weinreben. Ab und an kommen wir an einem alten, verfallenen Bauernhof, der vor allem die Kinder fasziniert, vorbei. Irgendwann überholen uns Gabi und Stefan.

Zwei Mal verlaufen wir uns in Zenson di Piave und verlieren dabei gut eine Stunde. Dafür passieren wir auf dem Weg durch die Ortsmitte das Denkmal für die Gefallenen des Ersten Weltkrieges. Es erinnert uns daran, dass Ernest Hemingway damals in dieser Gegend verletzt wurde. Sein Buch »In einem anderen Land« basiert auf den Erlebnissen am Piave.

Einsame Wege auf dem Piavedamm. Felix schleppt bestens gelaunt eine soeben gefundene Schilfpflanze mit sich herum.

Irgendwann, nach gut drei Stunden, überqueren wir die Autobahn, die nach Venedig führt. Wir stehen am Geländer und schauen nach unten. Faszinierend, wie schnell die Autos dahinbrausen. Ich erinnere mich an ein Wort des einstigen Asienkorrespondenten des Spiegels, Tiziano Terzani: »Beim Zufußgehen erhalten die Distanzen ihren Wert zurück.« Wer in Wanderstiefeln auf einer Autobahnbrücke steht, ermisst spätestens jetzt den Wahrheitsgehalt dieses Satzes.

Wir wechseln wieder auf den Damm. Es ist bequemer, ruhiger und auch ganz einfach schöner, drei bis vier Meter über der uns umgebenden Landschaft zu laufen. Gabi und Stefan überholen uns. Wir fragen gar nicht mehr, wie das nun wieder zustande kommt.

Das erste Schild, das uns vermittelt, wie nahe wir unserem Ziel jetzt sind, steht am Straßenrand: »Venezia 36 km«. Als wir die Schnellstraße nach Jesolo durch eine Unterführung passieren, wissen wir, dass wir kurz vor unserem heutigen Tagesziel sind. Der Weg macht noch einen kurzen Linksknick, dann taucht die lang herbeigesehnte, schmucke Zugbrücke auf. Dahinter verbindet eine Pontonbrücke die Ufer eines weiteren Kanals – und direkt vor unserem Tagesziel, dem Bauernhof Erba Matta, sitzen Gabi und Stefan auf einer Bank. Sie lassen sich saftig grüne Feigen direkt vom Baum schmecken. Jetzt haben doch tatsächlich wir die beiden einmal eingeholt.

Wir unterhalten uns noch ein wenig und verabschieden uns einmal mehr. Diesmal aber endgültig. »Wir wollen heute noch ein gutes Stück weitergehen und ab morgen eine Woche in einem Apartment in Venedig bleiben«, erzählt Stefan. Sicher eine sehr reizvolle Möglichkeit, die Lagunenstadt kennenzulernen.

Das lang gestreckte Bauernhaus empfängt uns mit einer wehenden Tibetfahne und einem Heer von Hunden und Katzen jeden Alters. Die Hausherrin kann nicht Nein sagen, wenn wieder einmal ein verstoßenes oder angefahrenes Tierchen von irgendwoher zu ihr gebracht wird. Sie schließt alle in ihr Herz. Die Kinder sind von den sieben Hunden und 14 Katzen völlig begeistert und auch die Tiere genießen es, ausgiebig gestreichelt zu werden.

Beim Abendessen in einer nahen Trattoria stimmen wir uns schon einmal auf das Meer ein. Es gibt Spaghetti mit Venusmuscheln und Krabben. Lukas genießt seine geliebten Miesmuscheln. Wir alle sind gelöst und voller Vorfreude. Es ist jetzt endgültig klar, dass wir unser Ziel erreichen werden. Morgen werden wir das Meer sehen.

35. Wandertag: Meerwasser zwischen den Zehen
Caposile – Venedig (34 Kilometer)

Vorgesehene Gehzeit 8:30 Stunden, Realzeit 11:15 Stunden

Dicke Wolken hängen dunkel und tief vom Himmel, als wollten sie direkt auf dem Boden aufsetzen. Es sieht so sehr nach einem direkt auf uns zurollenden, fulminanten Gewitter aus, dass wir nicht wagen loszugehen. Dabei wird es immer später und wir haben eine, mal vorsichtig ausgedrückt, recht ambitionierte Strecke von 34 Kilometern vor uns.

Einen Aufschub gewährt aber ohnehin noch das Frühstück. Es ist mit Abstand das beste der gesamten Wanderung – mit selbst gemachter Grüne-Tomaten-Marmelade, verschiedenen Kuchen und frisch gepflückten Feigen vom Baum.

Bauernhof-Frühstück mit frisch gepflückten Feigen und Grüner-Tomaten-Marmelade. Der letzte Wandertag beginnt.

Irgendwann, es ist schon nach neun Uhr, bleibt keine andere Alternative, als die Rucksäcke zu schultern und loszugehen. Die Wolkenberge verschieben sich mal nach rechts, mal nach links, reißen auf, verklumpen sich wieder zu einer schwarzen Masse. Es ist kein Trend abzusehen. Wir müssen es einfach versuchen.

Herzlich, fast wie alte Freunde, werden wir verabschiedet. Alle Hausbewohner sind an der Tür und winken uns hinterher. Die vielen positiven Stimmen zur Erba Matta hatten nicht zu viel versprochen. Dann fällt das Tor hinter uns zu und die letzte Etappe beginnt.

Wir können es kaum noch erwarten, ans Meer zu kommen, daher gehen wir ungewöhnlich schnell. Ich bin ein bisschen traurig. Irgendwie hatte ich drei Jahre lang die Vorstellung, bei strahlendem Sonnenschein auf einem glühend heißen Strand zu laufen und mich mitsamt Klamotten und dem Rucksack in die Adria fallen zu lassen. Doch heute wird das Meer wohl grau und stumpf sein.

Der Weg ist zunächst recht schön, obwohl er auf einer schmalen, gewundenen Teerstraße entlangführt. Links dümpelt der Piavekanal vor sich hin und rechts verhindert dichtes, struppiges Buschwerk jeden Blick in die Ferne. Nach einer Linkskurve plötzlich eine Lücke: Erstmals sehen wir die Lagune von Venedig. Friedlich, glatt und starr steht das Wasser, so weit das Auge reicht. Die Konturen der Stadt sind im Morgendunst nicht einmal zu erahnen. Dennoch ist der Anblick dieser ruhig vor uns liegenden Wasserfläche erhebend: Reiher stehen im Schilf, Möwen segeln über dem Wasser und wir haben einen Hauch Meeresluft in der Nase. Vielleicht ist es auch nur der Geruch der Lagune. Egal, für uns ist es der Duft der Adria.

Nun nieselt es sogar, doch ganz rechts, dort, wo Venedig liegen muss, scheint es heller zu werden. Der Kanal wird breiter. Elegante Motorboote stehen nun neben einfachen Fischerbooten, ein Gärtner pflegt den Rasen einer mondänen Villa, dann tauchen eine riesige Betonbrücke und ein Ortsschild auf: Jesolo. Nun ist es nicht mehr weit bis zum Traumziel aller Deutschen in den 60er-Jahren – dem Mittelmeer.

Wir versuchen, Nebenstraßen zu nutzen, landen aber immer wieder auf der Hauptstraße, auf der uns andere Urlauber in ihren Gefährten entgegenkommen. Familienväter mit ihren Wohnwagengespannen, Autos, vollgestopft mit Menschen, Kühltaschen, Luftmatratzen und Schlafsäcken, viele auch mit Münchner Kennzeichen. Wenn die wüssten, dass wir die Strecke zu Fuß gegangen sind, würden uns die meisten spontan für völlig verrückt erklären. Doch wir laufen ihnen mit einem Dauergrinsen entgegen, das immer breiter wird. Während uns so mancher Urlauber verständnislos anstarrt, wissen einige Italiener ganz genau, dass wir von München hierhergewandert sind und jetzt kurz vor dem Ziel stehen. Wir werden aufmunternd angehupt, immer wieder winken wildfremde Menschen aus ihren Wägen vor allem den Kindern zu, heben

35. Wandertag · Caposile – Venedig

aufmunternd den Daumen nach oben oder strecken lächelnd die Faust aus dem Fenster. »Starke Leistung, Jungs«, soll das bedeuten. Felix bekommt sogar ein Bonbon zugeworfen, das er freilich, so nervös wie er ist, sofort wieder verliert. Sein verschämt-stolzer Blick, wenn wieder einmal jemand hupt, ist zum Dahinschmelzen. Nicht einmal die Abgase stören uns jetzt mehr, als wir über eine Brücke marschieren und darunter die ersten Gondolieri sehen, die in ihren quer gestreiften Shirts für die große Regatta auf dem Canal Grande trainieren.

Das Wetter wird immer besser. Zwar ist es immer noch bedeckt, doch die ganz dicken Wolken haben sich in Richtung Caorle verzogen. Wir sind auf den letzten Metern. Durch einen kleinen Park noch – rechts und links flanieren bereits Strandurlauber in Badehosen und Bikinis –, ein Nebensträßchen, dann ein schmaler, allenfalls zwei Meter breiter Korridor zwischen den Hotelbauten. Sibylle und ich bleiben stehen, bis auch die Kinder bei uns sind. Die letzten Schritte zum Meer werden wir zusammen gehen. Wie ein ganz persönliches Geschenk des Himmels reißen ausgerechnet jetzt die Wolken auf, die Sonne strahlt auf den Strandabschnitt, den wir nun gemeinsam betreten und auf dem wir unsere Füße in den Sand setzen.

Womit kann man Glück beschreiben? Dass einem die Tränen kommen, man plötzlich auf eine ganz befreiende Art tief durchatmen kann oder so etwas wie Wärme im Brustkorb verspürt? Vielleicht ist

> **Venedig** ist der Traum aller Romantiker. Die engen Gassen, die kleinen Kanäle, die Gondeln und die winzigen Balkönchen an den alten Palästen – es wäre vermessen, alles aufzählen zu wollen, was die Lagunenstadt so einzigartig macht. Vielleicht ist es auch der Hauch der Geschichte, der an allen Ecken und Enden der Stadt zu spüren ist. Schließlich war die Republik Venedig gut ein Jahrtausend lang politisch und wirtschaftlich von größter Bedeutung. Erst 1797 endete ihre Selbstständigkeit. Seit 1987 stehen Venedig und seine Lagune auf der UNESCO-Liste des Weltkulturerbes. Von den gut 268 000 Einwohnern leben heute rund 61 000 im historischen Zentrum der Stadt.

Letzteres in meinem Fall zutreffend und die momentan emotional noch nicht ganz zu fassende Gewissheit, ein aussichtslos scheinendes Vorhaben geschafft zu haben. Vor allem schießen mir in diesem Moment Erinnerungen durch den Kopf: an den Moment des Starts am Münchner Marienplatz, noch völlig arglos und ohne jede Ahnung, was Weitwan-

197

Von den Dolomiten nach Venedig

dern bedeutet; an die lange Planung, an die jedes Jahr noch größere Vorfreude, endlich loszugehen; an die sanften Windungen der Isar, den bösen Absturz in den Zillertaler Alpen, den beeindruckenden Sellastock in den Dolomiten und die heiße, aber sehenswerte Tiefebene entlang dem Piave. Und dann die Gewissheit, nun vom Isar- zum Meeresstrand gelaufen zu sein. Es ist ein sehr besonderer, ein unvergesslicher Moment, den wir da als Familie gemeinsam erleben.

Auch wenn wir dann, nach kurzem Innehalten, nur noch ins Wasser wollen. Die Badeklamotten hatten wir morgens außen an den Rucksack gehängt und deshalb geht es jetzt sehr schnell. Wir nehmen uns an den Händen, spüren den feuchten Sand zwischen den Zehen, steigen knietief ins Wasser. Dann drehen wir uns um, fassen uns erneut an den Händen – und lassen uns einfach rückwärts in die warme Adria fallen.

Wir planschen ausgelassen, werfen uns in die Wellen, tauchen und genießen die mühelosen Bewegungen im Wasser. Lukas legt die Arme um uns und ist überglücklich: »Es ist toll, dass wir nach drei Jahren jetzt so weit gekommen sind. Normalerweise fährt man mit dem Auto hierher und wir haben es zu Fuß geschafft.«

Fast jedenfalls, denn dieser Wandertag gewährt gleich zweimal das Glück, am Ziel anzukommen. Und das zweite ist noch ein paar Stunden entfernt.

Als wir weiterlaufen und an der Uferpromenade entlanggehen, sehen uns die Urlauber an, als wären wir Außerirdische. Das ist nicht einmal verwunderlich, wenn wir uns den Kontrast vor Augen führen, den wir mit den Rucksäcken, den Bergstiefeln und den Wanderklamotten zu ihnen bilden. Ich schieße wunderbare Fotos,

Kontraste: Strandnixen, eine »Wanderbraut« und unsere Jungs am Strand von Jesolo.

35. Wandertag · Caposile – Venedig

wie Sibylle in voller Wanderausrüstung neben zwei Strandnixen in knappen Bikinis die Promenade entlangmarschiert.

Sechs Stunden Gehzeit stehen uns noch bevor und die dürften hart werden. Die Wolken haben sich endgültig verzogen, jetzt brennt die Sonne vom Himmel. Gnadenlos, stundenlang. Teils gehen wir an der Strandpromenade, auf Sand und an Dünen entlang, meist aber parallel zur glühend heißen Straße.

Sibylle ist irgendwann völlig fertig. »Sollen wir den Bus nehmen?«, fragt sie, als die nachmittägliche Hitze fast unerträglich wird. Doch Felix, der ebenfalls kurz vor dem Ende seiner Kräfte ist, lehnt entrüstet ab: »Wir sind so weit gelaufen. Jetzt will ich den Rest auch noch gehen.« Fehlt nur noch, dass er sagt: »Notfalls allein!« Ich bin richtig stolz auf ihn, aber auch auf Lukas und Sibylle, die gar nicht erst diskutieren, sondern einfach nur wortlos weiterlaufen. Auch wenn es fast körperlich wehtut, wenn alle 20 Minuten der Bus nach Punta Sabbioni vorbeidonnert.

Die Knie pochen, die Füße strahlen einen dumpfen Schmerz aus, vor allem aber die Hüften fühlen sich inzwischen wie ausgeleiert an. Als würden sie sich demnächst aus ihrer Verankerung lösen. Die Eisdiele an der letzten großen Straßenkreuzung vor Punta Sabbioni ist die Rettung. Eine schmale Bank lädt zu einer Rast ein und als wir die Rucksäcke absetzen, spüren wir, dass auch die Schultern gerne eine längere Pause hätten. Das Eis ist pure Energie für den Endspurt, zumindest für ein paar Meter. Schnell aber macht sich die körperliche Belastung wieder bemerkbar. Sibylle erfindet Spiele, um die Kinder von dem langen Marsch abzulenken. Wir gehen nicht, wir schleichen. Und manchmal humple ich sogar.

Dann endlich, es beginnt jetzt Abend zu werden, taucht das Ortsschild von Punta Sabbioni, der Ablegestelle der Fähren nach Venedig auf. Ein paar Schritte noch und wir betreten das Schiff. Welche Erleichterung, auf die Holzbank zu sinken und die Füße auszustrecken. Wir lassen uns auch emotional fallen. Ein zufriedenes Lächeln erstrahlt auf Sibylles Gesicht und auch ich verspüre keinen Hauch von Traurigkeit, die ich am Ende dieses langen Weges befürchtet hatte. Nur die Kinder sind unglücklich. Lukas sagt gar nichts mehr, sitzt mit starrem Blick auf der Bank und Felix kuschelt sich mit betretener Miene an mich. »Ich bin so traurig, dass jetzt alles vorbei ist«, sagt Lukas. »Das Wandern, vor allem das Zusammensein mit euch, war so schön. Drei Jahre haben wir uns immer darauf gefreut, dass wir im Sommer Wandern gehen. Jetzt ist es vorbei. Und so etwas Großes werden wir zusammen wahrscheinlich nie wieder machen.« Nun sind Sibylle und ich wirklich baff. Unser großer Wanderfeind gibt zu, dass es schön war.

Es dauert ein bisschen, bis wir die beiden Jungs darauf einstimmen können, den Moment zu genießen und sich einfach zu freuen, in ein paar Minuten die letzten Schritte auf dem langen Weg von München nach Venedig zu gehen. Ein kühler Fahrtwind weht über das Deck und dann geht feuerrot die Sonne unter. Der ganze Himmel färbt sich in Rotschattierungen, der schlanke Campanile, der Glockenturm des Markusdoms,

Das Ende eines langen Tages: Felix ist so müde, dass er während des Essens vor seiner geliebten Pizza Margherita einschläft.

überragt die Silhouette der Stadt, die sich langsam aus dem Dunst schält. Immer neue Rottöne gebiert der Himmel, die Hobbyfotografen können ihr Glück kaum fassen und rennen mit ihren Kameras aufgeregt von der einen zur anderen Ecke des Schiffes, um ja keine neue Farbkomposition zu verpassen. Und als wäre dieser Moment nur für uns gemacht, ist weit im Norden als schmales, gezacktes Band die Alpenkette am Horizont zu sehen.

Eine Zeit lang springe auch ich mit dem Fotoapparat umher, doch dann sitzen wir vier auf der hintersten Bank am Heck des Schiffes, Arm in Arm, und genießen die langsame Ankunft auf dem Canal Grande. Ein paar Meter vor San Marco legt das Schiff an. Wir betreten Venedig, sind

35. Wandertag · Caposile – Venedig

aber noch nicht am Ziel. Vom Marien- zum Markusplatz lautet das Motto des Traumpfades und deshalb sind es noch ein paar Schritte. Die erste Brücke, dann macht Felix bei einer im Boden eingelassenen, weißen Linie aus Steinen kurz halt. »Wenn wir hier drübergehen, sind wir da«, sagt er, doch wir sind plötzlich wieder so aufgeregt, dass uns seine Worte erst später so richtig bewusst werden. Ein letzter Schritt und wir sind am Ziel. Welch ein Gefühl: drei Jahre Planung, 22 000 Höhenmeter, 554 Kilometer, ein gutes Maß Selbstüberwindung und unvergleichliche Erlebnisse als Familie liegen hinter uns. Wir nehmen uns an den Händen, springen in die Höhe und ein vierfacher Jubelschrei hallt über den fast leeren Markusplatz.

Keine Trauer über das Ende unserer Tour hat jetzt noch Platz, nur Freude, Erleichterung und Stolz, etwas geschafft zu haben, woran wir fast bis zuletzt selbst noch gezweifelt haben. Lukas drückt sich an mich und lä-

Ein herrlicher Sonnenuntergang taucht unser Ziel in ein unwirkliches Licht: Der Markusplatz ist der Endpunkt des Traumpfades von München nach Venedig.

chelt: »Schön, dass ich so einen verrückten Vater habe, der mit uns von München nach Venedig gehen wollte.« Ich sage leise »Danke«. Schön, dass ihr alle so verrückt wart, einfach mit mir mitzugehen.

Tipps
(für alle, die jetzt loswollen)

Da Wanderer, besonders Familien, stets zu viel Gepäck mitnehmen, hier unsere Packliste zur Orientierung. Die Rucksäcke der Erwachsenen sollten zwölf Kilo nicht übersteigen. Je nach Statur sollten Kinder sehr leichte Rucksäcke tragen. Als Anhaltspunkt: Felix hat als Achtjähriger dreieinhalb Kilo getragen, der zweieinhalb Jahre ältere Lukas fünfeinhalb Kilo. Ein Tipp: Machen Sie alle in kompletter Ausrüstung einen zweieinhalbstündigen Testmarsch.

Mit Ausnahme der Unterwäsche ist ausschließlich hochwertige Funktionsbekleidung sinnvoll (auf UV-Schutz achten), da sie Temperaturen ausgleicht und nach Regengüssen oder nach dem Waschen blitzschnell trocknet.

Die Wanderschuhe sind für Sie wie die Reifen Ihres Autos: Sie müssen sich zu 100 Prozent darauf verlassen können. Beim Weitwandern ist Markenware mit Vibram-Sohlen (die kleben wie Gummi am Fels und rutschen nicht ab) unbedingt erforderlich.

Packliste Felix und Lukas:

Jeweils: 3 Unterhosen, lange Unterhose, kurzes Unterhemd, langes Unterhemd (Zweitnutzung als Schlafanzug), 3 Paar Wandersocken, 2 lange Wanderhosen (mit abnehmbaren Hosenbeinen), Fleecepulli, 3 Shirts oder Hemden, Regenhose, Käppi, Sonnenbrille, Badehose, warme Handschuhe, Wintermütze, dünne Radhandschuhe (Schutz am Stahlseil), Wanderschuhe, Trekkingsandalen, Wanderjacke (Doppeljacke mit Fleece), Wanderstöcke, Funktionshandtuch, Zahnbürste und -pasta, Trinkflasche, Rucksack-Regenhülle, Hüttenschlafsack, Plastiktüten (durchsichtig, alles im Rucksack wird verpackt), Stirnlampe, Taschenmesser, MP3-Player, Handy, Lesestoff, Tagebuch, Ohrstöpsel.

Im Hochgebirge darf es bei der Ausrüstung keine Kompromisse geben.

Packliste Sibylle und Gerd:

Jeweils: 4 Slips/Unterhosen, lange Unterhose, kurzes und langes Unterhemd, 3 Paar Wandersocken, 2 Wanderhosen (mit abnehmbaren Hosenbeinen), Fleecepulli, 2 Funktionsshirts, Wanderhemd, Regenhose, Käppi, Sonnenbrille, Bikini/Badehose, Winterhandschuhe und -mütze, Radhandschuhe, Wanderschuhe, Trekkingsandalen, Softshell-Jacke, Wander-Doppeljacke, Wanderstöcke, Funktionshandtuch, Zahnputzsachen, Trinkflasche, Hüttenschlafsack, Plastiktüten, Stirnlampe, MP3-Player, Handy, Lesestoff, Tagebuch, Ohrstöpsel.

Gemeinsame Ausrüstung (die Zuordnung zu den jeweiligen Rucksäcken muss nach Gewicht individuell erfolgen):

Handy-Ladegeräte, Foto- und Videoausrüstung, Feuerzeug, 10 Energieriegel, Teebeutel, vorgeschnittene Alufolie für Brotzeit, Knäckebrot (als Notration), Stifte, evtl. Biwaksack, Klettergurte und Bandschlingen für die Kinder, 15 Meter Kletterseil, Zeckenzange, Duschgel, Sonnencreme,

Nagelschere, Labello, Fußcreme, Hautcreme, Haarbürste, Shampoo, Reise-Waschmittel, Schuhfett, Einmalwaschlappen, Ersatz-Schnürsenkel, Plastik-Wäscheleine, Taschentücher, Sicherheitsnadeln, Wanderführer und Karten, EC-Karte, Krankenkassenkarten, Kreditkarte, Alpenvereins-Ausweise, Pässe, Spielkarten.

Medikamente:

Vitamin- und Mineralsalztabletten, Betaisodona-Salbe, Fenistil-Gel, normales Pflaster und Blasenpflaster, Pflasterspray, Durchfallmittel, Schmerztabletten, Bepanthen-Salbe, Desinfektionsspray, Kompressen/Mullbinden, Fieberthermometer, fiebersenkendes Mittel für die Kinder.

Zusatz:

Ich würde für beide Erwachsenen eine einfache Sicherung, sprich eine längere Bandschlinge mit drei Karabinern, mitnehmen. Ist auf dieser Tour (Schiara ausgenommen) zwar nicht notwendig, gibt aber an zwei Passagen Sicherheit. Ersetzt keine professionelle Sicherung.

An- und Abreise:

Im Gegensatz zu den meisten anderen Fernwanderwegen hat der Traumpfad einen logistischen Vorteil. Der Ein- und Ausstieg mit öffentlichen Verkehrsmitteln ist fast an jedem Etappenziel in akzeptabler Laufentfernung möglich. Ideal sind dafür die Zugverbindungen. Da die Bahnstrecke in Richtung Venedig zumindest in Südtirol grob parallel zur Wanderstrecke verläuft, sind die Bahnhöfe selbst in den Dolomiten per Bus meist in ein bis zwei Stunden erreichbar. Der Bahnhof Venedigs befindet sich zudem mitten in der Lagunenstadt.

Übernachtungen:

Spontane Übernachtungsmöglichkeiten bieten die Berghütten für all diejenigen, die Mitglied im Alpenverein sind. Der Wirt muss dem AV-Mitglied zumindest ein Notlager bereitstellen. Das kann allerdings im

Extremfall auch der Boden der Wirtsstube sein. Es empfiehlt sich daher, schon Tage vorher zu reservieren. Dann hat man oft auch das Glück, die begehrten Doppel- oder Viererzimmer zu bekommen. Die kosten zwar ein wenig mehr, ersparen dem erschöpften Wanderer aber das eventuelle Schnarchkonzert im vollbesetzten Lager.

Die meisten Probleme bei der Zimmerbuchung hatte ich auf der Strecke bis Bad Tölz. Auf dem Brauneck und den danach folgenden Etappen hat der Wanderer dagegen oft sogar mehrere DAV-Hütten zur Auswahl. Danach wird es zwischen Vorder- und Hinterriß wieder etwas schwieriger. Rechtzeitige Buchung ist hier, vor allem am Wochenende, unbedingt notwendig. Nicht einfach ist auch die Strecke zwischen Tarzo und Venedig, da nur sehr wenige Übernachtungsmöglichkeiten zur Verfügung stehen. Eine exakte Planung mit sehr genau dosierten Gehzeiten und vorreservierten Übernachtungen ist hier notwendig.

Kondition:

Eine gewisse Grundkondition ist notwendig, wenn die Muskulatur nicht sofort komplett überlastet sein soll. Ich selbst bin gut zwei Monate vor dem Start täglich zu Fuß in Wanderstiefeln eine halbe Stunde in die Arbeit gelaufen – mit Rucksack, in den ich, um mich an das Gewicht zu gewöhnen, bis zu vier Ziegelsteine gepackt hatte.

Routenplanung:

Weitere Informationen finden Sie unter www.muenchenvenedig.com, bzw. www.muenchenvenedig.eu. Zur konkreten Planung empfiehlt sich auch der Wanderführer »München–Venedig. Vom Marienplatz zum Markusplatz« von Dirk Steuerwald und Stephan Baur (Oberhaching 2010).

Dank

Ganz herzlich möchte ich mich bei Maier Sports für die Unterstützung mit hochwertiger Bergbekleidung von uns Erwachsenen und bei Jack Wolfskin, die im dritten Abschnitt die Kinder ausgestattet haben, bedanken. Mein Dank gilt auch den Firmen Deuter, Uvex, Leki, Salomon, Falke und Kompass. Persönlichen Dank an Verena Pritschow, Gisela von Kapff, Theresa Baethmann, Barbara Spielmann, Nicola Förg, Ursula Willimsky, Anja Witzke, Thomas Schuler, Thomas Bauer und natürlich an meine tapferen Burschen Lukas und Felix sowie an meine Frau Sibylle für die vielen Ratschläge und die emotionale Unterstützung. Manchmal hatte ich das Gefühl, ein Buch zu schreiben erfordert mehr Kraft, als über die Alpen zu laufen.

Abenteuer Geschichte

272 S., ISBN 978-3-7766-2598-1

192 S., ISBN 978-3-7766-2615-5

288 S., ISBN 978-3-7766-2616-2

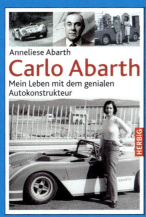

256 S., ISBN 978-3-7766-2631-5

224 S., ISBN 978-3-7766-2569-1

344 S., ISBN 978-3-7766-2577-6

HERBIG

www.herbig-verlag.de

Faszination Abenteuer

224 S., ISBN 978-3-7243-1023-5

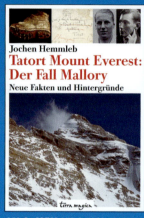

272 S., ISBN 978-3-7243-1022-8

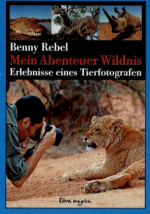

240 S., ISBN 978-3-7243-1027-3

Alle Titel sind durchgehend mit Fotos bebildert

Großformat

www.terramagica.de